임진왜란 초기 전라북도 남원에서 서얼출신 양대박의 의병을 일으킨 사실
1592년 4월 17일부터 7월 10일까지 두 아들의 종군일기

양대박 창의
종군일기

梁大樸 倡義 從軍日記

梁慶遇·梁亨遇 원저
申海鎭 역주

보고사
BOGOSA

머리말

이 책은 청계도인(靑溪道人) 양대박(梁大樸, 1543~1592)이 임진왜란 때 전라북도 남원(南原)에서 의병을 일으킨 사실 등을 두 아들이 부친을 따라 종군하며 기록한 일기를 번역하였다. 《양대사마실기(梁大司馬實記)》 권1 〈창의(倡義)〉에 '종군일기(從軍日記)'로 된 부분이다. 임진년 4월 17일부터 7월 10일까지, 양대박이 두 아들 양경우(梁慶遇)와 양형우(梁亨遇) 등과 함께 전라북도 임실(任實)의 운암(雲巖)에서 왜적을 대파한 것, 이어 전주(全州)에 이르렀지만 과로로 인해 병이 생겨 집에 돌아와 죽기까지의 행적 등이 기록된 것이다. 이러한 제반 사항을 감안하여 이 책에서는 '양대박창의종군일기(梁大樸倡義從軍日記)'로 명명하였다.

이 책에서의 대본은 《양대사마실기》는 국립중앙도서관 소장본(청구기호: M古朝57-가3)으로 목판본 11권 5책이다. 이 실기는 1796년에 정조(正祖)가 궁중에서 보관 중이던 《청계집(靑溪集)》과 《창의록(倡義錄)》을 왕명으로 간행하도록 하여 1799년에 호남감영에서 간행한 것이다. 두 아들의 문집, 곧 양경우의 《제호집(霽湖集)》과 양형우의 《동애집(東厓集)》까지 포함된 편제였다. 이와 같이 편제된 경위는 《정조실록》 1796년 8월 9일 3번째 기사에서 확인할 수 있다.

"이 사람이 의를 부르짖은 것은 증 영상 고경명(高敬命)보다 앞서고 그 용단은 충무공 이순신보다도 뛰어났으며 자기 몸을 던져 충성을 바친 것은 이 두 사람과 같았다. 유집(遺集)을 한 번 보니, 빼어난 바가 드러나, 마치 말을 올라타서는 적을 토벌하고 말에서 내려서는 격문을 짓던 그 모습을 보는 듯하였다. 지난번에 예조판서가 입시하였을 때, 조정에서 높여 보답하는 바에 있어 아직까지 알맞게 하지 않았고 그 유집의 판본까지 화재를 조심하지 아니하여 태워버린 데 대하여 안석 위의 조각난 등편(謄編)을 가리키며 한탄한 바가 있었다. 경이 아뢴 바가 바로 나의 뜻과 합치되니, 증 호조 참판 양대박에게 정경(正卿)을 증직하고 시제(諡祭)를 내려주라. 그리고 안에 보관되어 있는 《청계집》 및 《창의록》을 내각으로 하여금 도신에게 내려 보내어 판본을 만들어 인쇄하여 올리도록 하라. 그 아들 태상시 정 양경우도 충성스럽고 용감하며 굳세고 곧으니 바로 그 아비를 닮은 사람이라 하겠다. 문장과 필한(筆翰)은 오히려 여사(餘事)에 속한다. 더구나 무자년에 관직을 버리고 계축년에 은둔하여 절의가 아주 완전하니 어찌 혹시라도 민멸되겠는가. 한 품계를 더하여 주고 그가 지은 《제호집》도 똑같이 인쇄하여 올리도록 하라."

당시 우의정 윤시동(尹蓍東)이 임진년의 의병장 양대박과 그 아들 양경우에 대하여 사후 포상하는 은전이 베풀어지지 못한바 증직이 더해져야 한다고 아뢰자, 정조가 답한 것이다. 이것이 출간과 편제에 대한 경위라면,《홍재전서(弘齋全書)》제184권〈군서표기 (羣書標記)〉6의 '명찬(命撰)' 2에 있는〈양대사마실기십권(梁大司馬 實記十卷) 간본(刊本)〉은 그 편제의 구체적 모습을 알려준다.

"임진년의 왜란에 가장 먼저 의병을 일으킨 이들은 초토사(招討 使) 고경명(高敬命)과 창의사(倡義使) 김천일(金千鎰), 의병장(義兵 將) 양대박(梁大樸)이다. 그러나 고경명과 김천일의 절의는 지금까 지 부녀자들도 일컫고 있는데 반해 양대박에 대해서는 역사를 논하 는 선비들까지도 그의 이름을 말하는 이가 드무니 그가 세운 공이 달라서가 아니다. 다만 조정에서 선양하는 정치가 극진하지 못해 서 그러할 뿐이다.

양대박은 그의 두 아들 경우(慶遇), 형우(亨遇)와 함께 시를 잘하 였던 것으로 알려져 일찍이 문집이 세상에 전해졌는데 책판이 불에 타 버렸다. 나는 일찍이 타다 남은 사본(寫本)을 보았는데 행간에 기이한 기운이 감돌아 말에 올라 적을 토벌하고 말에서 내려 격문 (檄文)을 초하던 모습을 상상할 수가 있었다. 나는 마음속으로 기이 하게 여기고 있었는데 마침 표장(表奬)의 은전을 시행하는 것이 합 당하다고 말하는 대신이 있어 마침내 양대박에게 병조 판서를 증직 (贈職)하고 시호(諡號)와 정려(旌閭)를 내렸다. 그리고 안에 보관하 고 있던 문집과《창의록》을 내각에 내려 주어 직각 김근순(金近淳) 에게 명하여 합본으로 1책을 만들도록 하였다. 앞에는 창의한 사실 을 서술하고 다음에 양대박의 시문을 싣고 경우와 형우의 시문을 뒤에 붙이고 후인들이 찬미한 글들을 부록으로 실었으며, 책머리에 교서(敎書), 비답(批答), 제문(祭文)을 실었다. 호남 감영에 내려 보내 인쇄하여 오래도록 전하게 하였다. 이로써 내가 충신을 숭상 하고 공(功)을 찬양하는 뜻을 기록하는 바이다."

이 글에서 보듯이 구체적인 편제뿐만 아니라 양대박의 시문은 알려져 있지만 임진왜란 당시의 의병장 활동은 제대로 알려지지 않은 것에 대한 안타까움이 표명되어 있는바, 이는 오늘날도 역시 마찬가지여서 번역하게 된 동기이기도 하다.

양대박은 학관(學官)을 지낸 인물로 임진왜란 초기의 의병장이 다. 사헌부 집의(執義)를 지낸 양의(梁艤)의 아들로 남원부 이언방 (伊彦坊) 동대(東臺)에서 태어났다. 오늘날 전라북도 남원시 주생면 상동리이다. 그의 집안은 자산이 삼남의 갑부로 알려질 정도였던 바, 그 자산은 양대박이 의병을 모집하는데 긴요한 물적 토대가 되었던 것이라 하겠다. 또한 전라남도 광양 옥과 출신으로 성균관 학유였던 이종4촌 동생 류팽로(柳彭老, 1554~1592)와의 관계도 중 요한 요인이었을 것으로 짐작된다. 경상도에서 곽재우(郭再祐)가 최초로 의병을 일으켰던 것이 1592년 4월 22일이라 하는데, 류팽 로는 4월 20일에 의병을 일으켰을 뿐만 아니라 5월 11일 갈담역(葛 覃驛: 전라북도 임실에 위치한 역)에서 당시 최초의 의병전(義兵戰)을 치른 것으로 알려져 있기 때문이다. 그리고 양대박은 한리학관(漢 吏學官)을 지냈는데, 한리학관은 조선시대에 사역원 소속으로 중국 어와 이문에 관한 일을 맡아보던 벼슬이었으니, 서얼출신으로서 신분적 한계를 느꼈을 법하다. 이러한 여러 요인들에 의해 양대박

은 임진왜란 초기에 의병을 일으켰고, 운암(雲巖)에서 왜적을 대파
함으로써 그들의 호남 진입을 막아낼 수 있었던 것으로 보인다.

　양대박의 의병장 활동에 대해 약포(藥圃) 정탁(鄭琢, 1526~1605)
이 쓴 글로 양대박의 문집 《청계집》과 정탁의 문집 《약포집》에 수
록된 것을 번역하여 함께 보충함으로써 문헌 전승에서 빚어지는
양상을 파악하도록 하였다. 그리고 자식으로서의 양경우가 부친의
공적이 제대로 인정되지 않는 현실적 안타까움이 절절히 드러난
글도 아울러 보충하였다.

　이 책을 통해 임진왜란 초기 종군일기의 실상을 보여주면서 또
전란 속에서의 미세한 움직임이라도 제대로 파악될 수 있도록 애썼
다. 한결같이 하는 말이지만 나름대로 최선을 다하고자 했으나 여
전히 부족할 터이라 대방가의 질정을 청한다. 그리고 편집을 맡아
수고해 주신 보고사 가족들의 노고에 심심한 고마움을 표한다.

2021년 1월 빛고을 용봉골에서

무등산을 바라보며 신해진

차례

● 번역

종군일기 상 [양경우 지음]

만력 20년 임진년

종군일기 중 [양형우 지음]

만력 20년 임진년

종군일기 하 [양경우 지음]

만력 20년 임진년(1592)

부록

• 원문과 주석

從軍日記 上 [冢男慶遇撰]

萬曆二十年壬辰

從軍日記 中 [仲男亨遇撰]

萬曆二十年壬辰

從軍日記 下 [冢男慶遇撰]

萬曆二十年壬辰

일러두기 _____

이 책은 다음과 같은 요령으로 엮었다.

01. 번역은 직역을 원칙으로 하되, 가급적 원전의 뜻을 해치지 않는 범위 내에서 호흡을 간결하게 하고, 더러는 의역을 통해 자연스럽게 풀고자 했다.

    '왜군의 진격로와 조선의 방언전' 지도: 임진왜란을 연구하는 모임 카페
    '의령의 정암진' 지도: https://blog.naver.com/yis9805/150104331031

02. 원문은 저본을 충실히 옮기는 것을 위주로 하였으나, 활자로 옮길 수 없는 古體字 는 今體字로 바꾸었다.

03. 원문표기는 띄어쓰기를 하고 句讀를 달되, 그 구두에는 쉼표(,), 마침표(.), 느낌표(!), 의문표(?), 홑따옴표(' '), 겹따옴표(" "), 가운데점(·) 등을 사용했다.

04. 주석은 원문에 번호를 붙이고 하단에 각주함을 원칙으로 했다. 독자들이 사전을 찾지 않고도 읽을 수 있도록 비교적 상세한 註를 달았다.

05. 주석 작업을 하면서 많은 문헌과 자료들을 참고하였으나 지면관계상 일일이 밝히 지 않음을 양해바라며, 관계된 기관과 여러분들께 진심으로 감사드린다.

06. 이 책에 사용한 주요 부호는 다음과 같다.

    1) (   ) : 同音同義 한자를 표기함.
    2) [   ] : 異音同義, 出典, 교정 등을 표기함.
    3) "   " : 직접적인 대화를 나타냄.
    4) '   ' : 간단한 인용이나 재인용, 또는 강조나 간접화법을 나타냄.
    5) 〈   〉 : 편명, 작품명, 누락 부분의 보충 등을 나타냄.
    6) 「   」 : 시, 제문, 서간, 관문, 논문명 등을 나타냄.
    7) 《   》 : 문집, 작품집 등을 나타냄.
    8) 『   』 : 단행본, 논문집 등을 나타냄.

|번역|

양대박 창의 종군일기

종군일기 상

양경우 지음

만력 20년 임진년

● 4월

17일 병오。

어떤 사람이 남원(南原) 부중(府中)에 와서 왜구가 난을 일으켜 이달 15일에 동래(東萊)를 함락하고는, 적병들이 50만이라고 하는데 삼도(三道)에 쳐들어오고 있다고 전하였다.

[협주]

이달 13일에 왜적이 국경을 침범하였는데, 대장이 150명, 전마(戰馬)가 5만 필, 해서도(海西道) 9국으로 선봉을 삼고 남해도(南海道) 6국과 산양도(山陽道) 8국으로 응원케 하여 우리 경계에 이르러 배를 불사르고 솥은 부숴버리니 군령이 엄하고 혹독하였다. 14일에는 부산을 함락하였는데, 첨사 정발(鄭撥)이 죽고 다대포(多大浦) 첨사 윤흥신(尹興信)이 힘을 다해 싸우다가 죽었다. 하지만 좌수사 박홍(朴泓)은 성을 버리고 도망갔고 좌병사 이각(李珏)도 황겁하여 성을 지키지 못했다. 15일에는 동래를 함락하였는데, 동래 부사 송상현(宋象賢)이 왜적을 맞아 싸우다가 죽었다.

18일 정미。

부친이 편지를 써서 우리고을 남원 부사 윤안성(尹安性)에게 보내 왜적의 소식을 알아보았는데, 회신을 받은 글이 어제와 같았다. 부친이 황망히 마음속으로 근심하고 괴로워하다가 밤새도록 주무시지 못하고 앉아서 아침을 맞이하였다.

19일 무신。

부친이 첫닭 우는소리 듣고 말에게 여물을 먹인 뒤 남원을 찾아가 부사를 만나 병사들을 징발하도록 명령을 내려 국가가 위급할 때 쓸 수 있게 해야 한다고 권유하였다.

20일 기유。

남원 부사의 편지를 보니 양산(梁山)이 잇달아 함락되었다는 소식이었다. 부친이 아침 일찍 밥을 재촉하여 먹고 남원 부중(府中)에 들어가 부사를 만나서 말했다.

"왜놈들이 화친을 맺은 지 200년 동안 모두 3번을 쳐들어왔는데 그때마다 불리하여 물러났다가 이번에 또 침범해왔소이다. 그러나 이번에는 필시 전산(畠山: 하타케야마)과 세천(細川: 호소카와)의 여러 추장들이 모두 풍신수길(豊臣秀吉)에게 복종하여 온 나라의 군사를 동원해 온 것이리니, 우리에게 있어서 방어할 계책이 이전보다 갑절로 급박하오이다. 우리고을 남원은 호남과 영남의 요충지이자 남쪽 지방의 보루이거늘 헛되이 버려서 적들로 하여금 곧장 진격하

도록 해서는 아니 될 것이니, 군사들을 점검하여 남원성 지키는
것을 방어의 계책으로 삼는 것이 낫소이다."

남원 부사가 그 말대로 따랐다.

[협주]

왜(倭)는 땅이 사방 수천 리나 되는 나라로 좌우에 작은 섬이 50개
남짓 있고 모두 8도(道) 66주(州)가 있다. 주(周)나라 평왕(平王) 때에
시조 협야(俠野)가 스스로 천황(天皇)이라 칭하고 나라를 세워 산성주
(山城州)에 도읍하였다. 진(秦)나라 서복(徐福)은 사내아이와 계집아
이 3천 명을 데리고 평평한 들판에 임시로 도읍하였다. 당(唐)나라
무후(武后: 武宗) 때 국호를 일본(日本)이라 하였으며, 청화천황(淸
和天皇)이 성(姓)을 원씨(源氏)로 내리고 국정을 총괄하는 자로서 관
백(關白)이라 하였다가 명(明)나라 태종(太宗) 때에 국왕(國王)으로
봉해졌는데, 무릇 군국(軍國)에 관한 일은 천황이 존귀하나 간여하지
않았다. 그들의 풍속은 성질이 사납고 목숨을 가벼이 여기고 긴 칼
차는 것을 좋아하였다. 신라 말엽부터 우리나라의 근심거리가 되어
왔고 고려 말에는 쳐들어오지 않은 해가 없었는데, 우리 태조(太祖:
이성계) 5년(1396)에 왜의 측육(仄六: 仄六의 오기) 등이 표문을 받들
고 와서 방물(方物: 예물)을 바쳤다. 국왕전(國王殿)·전산전(畠山殿)
·대내전(大內殿)·소이전(小二殿)·무위전(武衛殿)·경극전(京極
殿)·세천전(細川殿)·산명전(山名殿) 등 여덟 제후들이 우리나라에
조공(朝貢)을 바치러 왔는데, 위차대로 대접하고 응대하여 직접 만나
주거나 예조(禮曹)가 접대하기도 하였으며, 대마도주(對馬島主) 종
성장(宗盛長)에게는 해마다 쌀과 콩 100석을 내려주었다. 정덕(正德)

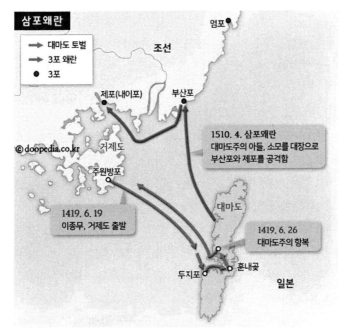

출처: doopedia.co.kr

경오년(1510) 삼포(三浦)에서 왜인들이 반란을 일으켰지만 방어사(防
禦使) 류담년(柳聃年)이 토벌하여 평정하였으며, 가정(嘉靖) 을묘년
(1555)에 호남지역을 쳐들어왔지만 방어사 남치근(南致勤)이 무찔렀
으며, 만력(萬曆) 정해년(1587)에는 호남의 남해안을 침범하여 녹도
만호(鹿島萬戶) 이대원(李大元)이 손죽도(損竹島)에서 전사하였지
만 왜적들이 물러갔다. 세 차례 침범하였다가 모두 불리하여 물러갔던
것이다.

21일 경술。

우리고을 부사가 몸소 찾아와 부친을 만나고서 힘을 합쳐 방어하자고 청하니, 부친이 말했다.

"어찌 공의 말을 기다렸겠소?"

곧바로 소매를 떨치고 분연히 일어나 말머리를 나란히 하여 남원성으로 들어갔다.

22일 신해。

부친이 우리고을 부사에게 말했다.

"우리고을 무기고의 병기는 모두 완전하지 못해 쓸 수가 없으니, 청컨대 모두 꺼내어 손질하고 다듬어야 할 것이오."

부사와 함께 광한루(廣寒樓)에 앉아서 갑옷과 병기, 활과 화살을 꺼내어 정비하도록 하자, 판관 노종령(盧從齡)이 말했다.

"조정에서 병사들을 징발한다는 명령이 없는데도 마음대로 무기고를 연다면 혹 사람들의 비방이 없겠나이까?"

이에 부친이 말했다.

"하늘의 해가 밝게 내려다보고 있거늘 이 마음은 나라를 위해 왜적을 방어하려는 것인데, 그 누가 비방한단 말인가?"

○ 이보다 앞서 무자년(1588)에 왜의 사신 귤강광(橘康廣)이 왔다. 부친이 몰래 왜의 실정을 탐지하고자 영남으로 달려가 사행을 호위하는 하인들에게 남몰래 부탁하고서 동정을 살폈는데, 인동(仁同)의 경계에 이르자 귤강광이 창든 사람들을 흘겨보며 말했다.

"너의 창대가 매우 짧구나."

부친이 그의 말이 떨어지기 바쁘게 대답했다.

"너의 칼날은 매우 무디구나."

귤강광이 곧 눈을 부릅뜨고 혀를 내두르며 "왝왝" 거리며 곧바로 말에서 내려 설인(舌人: 통역원)을 시켜 부친에게 함께 탈 것을 극구 청하였지만, 부친이 피하여 만나지 않았다.

사행이 상주(尙州)에 도착하자, 목사(牧使) 송응형(宋應泂)이 기생과 풍악으로 귤강광을 대접했는데, 귤강광이 말했다.

"늙은 나는 몇 해 동안 전쟁 속에 있느라 수염과 머리털이 듬성듬성해졌지만, 사또는 노래와 기생 속에 파묻혀 있었을 터인데 머리가 저렇게 희어진 것은 어째서인가?"

부친이 말했다.

"이 말은 오랑캐가 기롱하는 것이다. 저들은 예물을 가지고 조정을 방문한다는 핑계로 해마다 오가며 우리의 허실을 엿보니, 우리나라의 남쪽지방에서 근심거리가 생길 날이 결코 멀지 않을 것이거늘 장맛비가 내리기 전에 미리 대비해야 하는데 어찌 헛되이 머뭇거릴 수 있단 말인가?"

이때에 이르러 부친이 부사에게 말했다.

"몇 해 전에 귤강광 오랑캐가 우리나라의 창대가 매우 짧다고 한 말은 이미 상국을 굴복시키려는 흉한 의도를 보인 것이나, 우리나라는 아무런 대비를 하지 않고 있다가 오늘날 집 전체가 불타려 하는데도 알지 못한 채 제비와 참새가 왁자지껄하고 있는 것과 거의 다를 것이 없소이다."

부사가 말했다.

"우리나라 사람들은 본래 멀리 생각하지 않으니, 진실로 공(公)
의 말과 같소이다."

[협주]

만력(萬曆) 무자년(1588)에 귤강광(橘康廣)이 관백(關白) 평수길(平
秀吉)의 서계(書契)를 가져와 바치면서 우호관계를 맺자고 요구하며,
국왕(國王) 원의등(源義藤)은 어리석고 미혹되어 평수길에 의해 죽었
다고 하였다. 평수길이란 자에 대해 어떤 이는 "본래 중국 복건성(福建
省) 사람인데 어려서 고아가 되어 막노동꾼이었다가 일본의 군사로
편입되어 누차 공을 세워서 관백이 되었다." 하고, 어떤 이는 "일본의
평민으로서 땔나무를 지고 가는데 국왕이 그를 기이하게 여겨 등용해
선봉 부대의 도수(刀手)가 되어 잘 싸워서 공을 세워 대장군이 되었
다." 하고, 어떤 이는 "원씨(源氏)의 정사가 문란해져 그의 신하 신장
(信長)이 시해하고 원씨를 대신하자 원씨의 구신(舊臣) 명지(明智)가
신장을 죽이고 스스로 섰으며, 수길이 신장의 친신(親臣)으로서 또
명지를 죽이고 스스로 서서 8도(道)를 통일한 것이다."라고 하였다.
마침내 외침을 자행하고 통신사(通信使)를 요구하였지만 조정에서 불
허하였는데, 귤강광이 귀국하여 보고하자 평수길이 노하여 귤강광을
죽이고 그의 가족까지 멸하였다. 기축년(1589) 평의지(平義智)가 와
서 공작(孔雀)을 바치며 반드시 우리나라의 사신을 맞이해가겠다고
하자, 경인년(1590)에 드디어 황윤길(黃允吉)·김성일(金誠一)을 파
견하여 평의지와 함께 바다를 건너갔다. 신묘년(1591)에 평조신(平調

信)·현소(玄蘇)가 답례라는 구실로 또 황윤길과 함께 왔으니, 해마다 왕래하며 군대를 인도할 길을 익히고자 하였는데 지금에 이르러서 대거 쳐들어온 것이다.

23일 임자。

남원부의 성에서 병사들의 훈련 상태 등을 점검하였다. 이때 여러 고을의 선비와 백성들이 숲에 들어가거나 바위 골짜기에 숨어들어 수백 리 사이에 밥 짓는 연기가 없었다. 내가 직접 남원 부중(府中)으로 가서 가솔들이 피난할 일을 부친에게 아뢰자, 부친이 말했다.

"나는 이미 군중(軍中)에 있으니 떠나갈 수가 없구나. 가솔들은 네가 하고 싶은 대로 조처하여라."

경우(慶遇)가 동생 형우(亨遇)로 하여금 모친을 모시고 가솔들을 거느려 청계동(靑溪洞)으로 피하도록 하였다.

[협주]

10년 전에 선생(先生: 양대박)이 청계동의 가장 깊은 곳에 정사(精舍)를 지었는데, 가솔들이 이곳으로 피난하였다.

24일 계축。

경우가 남원 부중(府中)으로 달려가서 부친에게 동생으로 하여금 모친을 모시고 피란하도록 한 일을 아뢰자, 부친이 말했다.

"나에게는 두 아들이 있으니, 그 가운데 한 아들은 나를 따라 성을 지키고 다른 아들은 제 어미를 모시고 피란하는 것은 너희 형제의 직분에 마땅하도다."

부사가 말했다.

"공(公)은 참으로 아들을 두었다고 할 만하오이다."

25일 갑인.

밀양(密陽)이 적에게 함락되었다는 소식을 들은 부친이 말했다.

"영남의 고을들을 연달아 함락시킨 뒤 왜적들은 필시 영남을 넘어 우리 지역을 침범할 것이니 사람을 보내 은밀히 염탐해야 하오."

부사가 판관(判官) 노종령(盧從齡)으로 하여금 정예기병을 거느리고 가서 염탐하도록 하자, 노종령이 꺼리는 기색을 보였다. 이에 부친이 칼을 치며 격분하여 꾸짖었다.

"판관, 판관! 그대는 어찌 무사가 아니더냐? 임금이 욕을 당하여 신하가 임금을 위해 죽어야 할 때에 어찌 겁을 내고 두려워하는 것이 이와 같단 말인가? 내가 직접 가기를 청하겠소."

마침내 10명의 기병을 거느리고 운봉(雲峯)으로 갔다.

[협주]

이달 16일 왜적이 양산(梁山)을 함락시키자, 밀양 부사(密陽府使) 박진(朴晉)이 작원(鵲院)을 지키다가 패하여 성을 버리고 달아났으며,

병사(兵使) 이각(李珏)도 병영(兵營)으로 달려왔다가 밤에 도망쳤다. 17일 왜적이 밀양(密陽)을 함락시키자, 김해 부사(金海府使) 서예원 (徐禮元)이 성을 버리고 도망갔으며, 경상감사 김수(金睟)는 경상우도(慶尙右道)로 다시 달아났다. 민심이 흩어지자, 왜적들이 승승장구하여 여러 고을들이 흙 무너지듯 걷잡을 수 없이 무너졌다.

○ 7월 왜적이 용담(龍潭)에서 장수(長水)로 쳐들어왔을 때 노종령(盧從齡)이 야경을 돌다 먼저 달아났으나, 윤안성(尹安性)은 홀로 남아 달아나는 군사들을 베다가 그만두었다.

26일 을묘.

왜적이 조령(鳥嶺)을 넘었다는 소식을 들었다.

27일 병진.

부친이 함양(咸陽)에서 왜적의 정세를 탐지하여 돌아와 남원부사와 함께 계책을 꾀하였는데, 병사들을 이끌고 북상하여 근왕할 계획이었다.

28일 정사.

밤에 우리 전라도 도순찰사(都巡察使) 이광(李洸)의 관문(關文: 공문서)이 도착했는데, 이러하였다.

「조정에서 군사를 징발한다는 조치가 있으니, 온 도(道)의 병마들을 일제히 여산(礪山)으로 달려오게 하라.」

　출정할 기일이 너무 촉박하자, 우리 남원 고을 부사는 군사들을
거느리고 급히 올라갔으며, 부친도 후군이 되어 그를 따랐다.

29일 무오。

　전주(全州)를 향해 출발했는데, 상주(尙州)가 왜적에게 함락되고
순변사(巡邊使) 이일(李鎰)이 패하여 달아났다는 소식이 들렸다.

[협주]

변경에서 보내온 위급한 보고가 17일 비로소 경사(京師: 한양)에 이르
자, 이일(李鎰)을 순변사(巡邊使)로, 성응정(成應井: 成應吉의 오기)
을 경상도 좌방어사로, 조경(趙敬: 趙儆의 오기)을 경상도 우방어사로
삼았으며, 유극량(劉克良)을 조방장(助防將)으로 삼아 죽령(竹嶺)을
지키고, 변기(邊璣)를 조방장으로 삼아 조령(鳥嶺)을 지키도록 하였
다. 이일이 경영(京營)에 병사가 없어 명령을 받은 지 3일이 되어도
떠나지 못하자, 병조판서 홍여순(洪汝淳)을 파직하고 김응남(金應南)
으로서 대신하게 하였다. 류성룡(柳成龍)을 체찰사(體察使)로, 신립
(申砬)을 도순변사(都巡邊使)로 삼아서 달려 내려가게 하였다. 당시
관할 지역에 군대를 주둔시키고 있던 영남의 고을에서는 경장(京將:
중앙에서 파견한 장수)이 이르기를 기다리고 있었는데, 이일이 미처
내려오기도 전에 왜적이 점차 바싹 좁혀왔다. 때마침 큰 비가 내려
흠뻑 젖은 데다 군량까지 부족하자, 관군들은 밤을 틈타 달아났고 여러
고을의 수령들도 단기(單騎)로 달아났다가 돌아왔다. 이일이 당도하

니, 상주목사(尙州牧使) 김해(金澥)는 피신하였고, 판관(判官) 권길(權吉)은 수백 명의 장정을 색출하였으나 군대가 되지 못하였다. 왜적이 크게 쳐들어오자, 이일은 말을 버리고 머리를 풀어헤친 채 몰래 충주(忠州)로 달아났는데 바로 신립이 군대를 주둔해 있던 곳이다.】

30일 기미.

전주(全州)에 도착하여 순찰사를 만난 뒤 부친이 나와서 윤안성(尹安性)에게 말했다.

"내가 순찰사를 만나 뵈었는데, 태도가 미욱하여 어찌할 바를 모르며 말도 어물쩍하게 넘겨버리니, 이는 일을 이루기가 어려울 것이오. 공(公)은 모름지기 항우(項羽)가 경자관군(卿子冠軍: 宋義)을 베고 대신 상장군(上將軍)이 되었듯이 하여 큰 공훈을 세우는 집안이 되시오."

● 5월

1일 경신.

전주(全州)에 머물렀다. 이날 밤에 부친이 윤안성(尹安性)에게 말했다.

"듣자니 신립(申砬)이 또한 대장으로서 영남으로 내려갔다고 하더이다. 일찍이 그 사람을 본 적이 있었는데 본디 담략이 없거늘 부질

없이 헛된 명성만 얻었을 뿐이니, 올봄에 순검할 때 외침을 방비하기 위한 좋은 계책은 하나도 없었고 다만 여러 고을들을 헛되이 노닐 뿐이었소이다. 지금 장수의 소임을 받았지만 또한 이일(李鎰)의 부류 에 불과하니 나랏일이 나도 모르게 가슴이 아프나이다."

[협주]

신묘년(1591)에 조정에서 왜놈의 침입을 걱정하여 김수(金睟)를 경상 우감사로, 이광(李洸)을 전라감사로, 윤선각(尹先覺)을 충청감사로 삼았는데, 임진년(1592) 봄에 신립(申砬)을 경기도와 황해도로 보내 고 이일(李鎰)을 충청도와 전라도로 보내어 변방의 방비를 순시케 하 였으나, 별다른 방략이 없었고 다만 노는 재미에 빠져서 먹는 것만 찾을 뿐이었다.

　○ 계미년(1583) 북쪽의 오랑캐[尼湯介]가 경원(慶源)을 공격해 함 락시켰을 때에 부사(府使) 김수(金燧)는 성을 지키지 못한 죄로 참형에 처하고 병사(兵使) 이제신(李濟臣)은 잡아와 국문하였는데, 신립(申 砬)이 온성 부사(穩城府使)로서 적을 죽인 공이 있으므로 발탁해 병사 (兵使)로 삼았던 것이다. 이번 순시를 떠나려 할 적에 주상께서 보검을 하사하시었는데, 보검을 받아들고 섬돌을 내려오다가 모자를 갑자기 떨어뜨렸고, 용인(龍仁)에 이르러 장계를 올리면서 서명을 빠뜨렸다.

2일 신유。
부친이 전주(全州)에서 다시 남원(南原)으로 향했다.

3일 임술。

경우(慶遇)가 부친을 모시고 돌아오는 길인데, 부친이 사람들에게 말했다.

"우리 군대를 패하게 할 자는 반드시 이광(李洸)이로다. 나랏일이 믿을 수 없게 되리로다."

분하여 탄식하는 소리를 그치지 않다가 차비를 서둘러 집에 도착하니, 밤이 3경(更)이었다.

○ 듣건대 충주(忠州)가 왜적에게 함락되었는데, 도순변사(都巡邊使) 신립(申砬)이 패하여 죽었다는 소식이었다.

[협주]

신립(申砬)이 충주에 들어갔다가 이일(李鎰)이 패한 사실을 듣고서 몹시 놀라며 탄금대(彈琴臺) 앞으로 나아가 진을 쳤다. 27일 왜적이 단월역(丹月驛)에 이르면서부터 포탄이 땅을 뒤흔들자, 신립이 충주성으로 말을 채찍질해 달렸으나 충주성이 이미 포위되어 포위를 돌파하려다가 다시 달천강(㺚川江)에 이르러 죽었다. 여러 군대가 크게 궤멸되어 떠내려 오는 시체가 강물을 뒤덮었으니, 김여물(金汝岉)이 죽고 이일(李鎰)은 탈출하여 도망쳤다. 이보다 앞서 왜적은 조령(鳥嶺)을 넘는 것을 꺼려하였으나 사람을 시켜 정탐한 뒤 대비가 없음을 알고서는 노래하고 춤추면서 지나갔다.

4일 계해。

들건대 왜적이 호서(湖西)에서 곧바로 한양으로 쳐들어가 승승장구한다고 하니, 부친이 칼을 어루만지고 울며 말했다.

"10여 년 전에 내가 늘 사람들에게 틀림없이 남쪽지방에 근심거리가 생길 것이라고 말하면 사람들은 모두 나를 미쳐서 허황된 소리하는 것으로 여겼거늘, 지금 과연 어떠한가?"

사람들이 비로소 부친의 선견지명에 탄복하였다.

○ 이보다 앞서 계미년(1583)에 우리 고을 남원 부사(南原府使) 장의국(張義國)이 광한루(廣寒樓)를 헐고 다시 지으며 오작교(烏鵲橋)를 설치하느라 연일 백성들을 부리자, 부친이 장의국 부사를 찾아가서 말했다.

"10년이 못가서 이 광한루는 틀림없이 전쟁에 의해 없어질 것인데 어찌하여 백성들을 괴롭힌단 말입니까?"

장의국 부사가 말했다.

"무슨 선견지명이라도 있는 것이오?"

부친이 말했다.

"지난날 명종조(明宗朝) 을묘년(1555)에 왜구들이 전라병사(全羅兵使) 원적(元績)을 죽이고 잇달아 대여섯 개의 성을 함락시켰지만, 다행히도 방어사(防禦使) 김경석(金景錫) 등에 힘입어 힘껏 싸워 방어하였으나, 왜적의 성격과 행동이 모두 잔인한데다 거칠어서 촌락을 태우고 약탈하며 남녀들을 사로잡아 갔소이다. 당시 내 나이가 열세 살이었지만 아직도 분명히 알 수 있으니, 지금 만약 왜놈들이 다시 이 광한루에 침범한다면 또한 어찌 잿더미가 되는 것을 면할 수 있으리까? 또 내가 몇 년 전에 부친을 모시고 밀양(密陽)의 관아에 있으면서 마침 동래(東萊)에 갔다가 왜적의 선박들이 수시로 왕래하며 바닷가에 정박한 것을 보았는데, 이것은 틀림없이 우리나라를 정탐하는 것이었는데도 우리는 화물을 거래하는 데만 푹 빠져서 변방의 방비를 잘 다스리지 못하였으니, 우리 남쪽지방의 근심이 어찌 오랜 시간이 걸리겠습니까?"

장의국 부사가 잠자코 있자 부친은 나와 버렸는데, 장의국 부사가 비웃고 손가락질하며 말했다.

"그 말이 심히 허황되고 망령되도다."

[협주]

명종조(明宗朝) 을묘년(1555)에 왜구들이 달량진(達梁鎭)을 함락하고 전라병사(全羅兵使) 원적(元績)과 장흥 부사(長興府使) 한온(韓蘊)을 죽인 뒤, 또 영암 군수(靈巖郡守) 이덕견(李德堅)을 사로잡았다. 그리고 연달아 난포(蘭浦: 於蘭浦)·마도(馬島: 馬島鎭)·장흥부 병영(長興府兵營)·가포(加浦: 加里浦)를 함락시켰다. 도원수(都元帥) 이준경(李浚慶)을 파견하고 김경석(金景錫)과 남치근(南致勤)을 좌우방어사로 삼아서 왜적을 쳐 200명의 머리를 베었다. 이덕견이 살아 되돌아오자, 군율에 따라 참형하도록 명하였다. 왜적이 패하여 도망가자, 왜적의 선박 안에 있던 자녀들이 일시에 통곡하니 소리가 바다에 진동하였다.

○ 정유년(1597) 남원성이 함락되었을 때 광한루는 과연 왜놈들에 의해 불탔는데, 그 후 천계(天啓) 병인년(1626)에 남원부사 신감(申

鑑)이 헐고 다시 지었다.

5일 갑자。

부친이 마침내 의병을 일으켜서 왜적 토벌하려는 거사를 결정하였는데, 대개 전주(全州)에서 집으로 돌아오는 길에 이미 이러한 계획을 결심하였던 것이다. 이날 저녁에 동생 형우(亨遇)가 청계동(靑溪洞)에서 와서 부친을 뵙고 그대로 머물렀다.

6일 을축。

부친이 의병들을 불러 모으기 위해 깊은 산골짜기 사이를 드나들며 숨어있는 사람들을 찾아내어 의리로써 감동시키고 이치를 들어 깨우쳤다. 여러 백성들이 처음에는 의병이라는 이름도 알지 못하였으나, 이내 언문으로 쓰고서 그 뜻을 풀이해주며 서로 전달하여 알리도록 했다. 의리를 인용하여 깨우쳐서 일깨울 때면 반드시 칼을 어루만지고 눈물을 뿌렸는데, 도리를 밝히면서 의기를 안색에 드러내고 충성심을 말속에 드러냈으니 듣는 사람은 감격해 울지 않은 사람이 없었다.

○ 지난달 그믐날에 대가(大駕)가 도성을 떠나 서쪽으로 평양(平壤)을 향하여 거둥하였다는 소식을 듣고는, 부친이 마침내 음식을 먹지 않고 단지 미음만 마시면서 하늘을 부르고 통곡하여 밤낮으로 소리가 끊이지 않았다.

[협주]

애초에는 조정에서 이원익(李元翼)을 평안도관찰사(平安道觀察使)로, 최흥원(崔興源)을 황해도관찰사(黃海道觀察使)로 삼았고, 장차 서쪽으로 몽진하려는 뜻이 있을 때는 이양원(李陽元)을 수성대장(守城大將)으로, 이전(李戩)을 좌위장(左衛將)으로, 변언수(邊彦琇)를 우위장(右衛將)으로, 박충간(朴忠侃)을 순검사(巡檢使)로 삼아 도성을 지키게 하였고, 상중(喪中)에 있던 김명원(金命元)을 기용해 도원수(都元帥)로 삼아 한강(漢江)을 지키게 하였다. 영부사(領府事) 김귀영(金貴榮)이 경성(京城: 한양)을 굳게 지킬 것을 청하고 오부(五部: 한성부)에서 가려 뽑아 군졸 7천 명을 얻었지만 어림잡아 성가퀴만 3만이라 늘어서 지킬 수가 없었으니, 상번(上番)하는 향졸(鄕卒)조차도 뇌물을 받고 사사로이 놓아주어 군정(軍政)이 해이해 크게 무너져있었던 것이다. 신립(申砬)이 패했다는 소식이 전해지자 온 도성 사람들이 모두 두려워 떨었는데, 장령(掌令) 권협(權悏)만이 큰소리로 경성을 고수하자고 외쳤다. 대가(大駕)가 다급하게 관문(關門)을 나서자, 금군(禁軍: 왕의 호위군)들은 도망쳐 숨어버렸고 도성의 백성들이 우는 소리가 우레와 같았다. 경기도관찰사 권징(權徵)이 호종하였는데, 벽제역(碧蹄驛)에 이르러서는 시종신(侍從臣)들이 종종 낙오하고 비가 물을 퍼붓듯 내려서 초경(初更: 저녁 8시 전후)이 되어서야 동파역(東坡驛)에 이르렀다. 5월 1일 서흥 부사(瑞興府使) 남억(南嶷)이 수백 명의 군사와 말 50필을 거느리고 먼저 당도해 있었다. 이로써 출발하여 저녁이 되어서 개성(開城)에 도착하였다. 류성룡(柳成龍)을 영상(領相)으로, 최흥원(崔興源)을 좌상(左相)으로, 윤두수(尹斗壽)를 우상(右相)으로 삼았는데, 수상(首相: 영의정) 이산해(李山

海)는 왜와 화친하여 나라를 그르쳤다고 해서 파면되었다.

7일 병인.

갑작스레 의병을 일으켜 적을 칠 병기가 없었기 때문에 부친이 경우(慶遇)로 하여금 병기 만드는 것을 감독하게 하였다. 대장장이 예닐곱 명이 창·미륵창·칼·세모창 등을 만들었는데, 날마다 만드는 것을 감독하니 언덕처럼 쌓였다.

8일 정묘.

부친이 광한루(廣寒樓)에 올라 창의 격문(倡義檄文)을 손수 작성하였는데, 남쪽 지방 여러 고을의 수령들 및 선비들과 백성들에게 그 통문을 전달하여 의병을 일으켜서 왜적을 토벌하는 뜻을 깨닫게 하였으니, 어조가 격렬하고 필법이 힘차서 읽는 사람은 눈물을 훔쳤다.

9일 무진.

경우(慶遇)가 부친의 명으로 격문(檄文)을 소매 속에 넣어서 우리 전라도 병사(全羅道兵使) 최원(崔遠)에게 찾아가 보이니, 최원이 격문을 보고 크게 기뻐하였다.

각종 병기(兵器)는 모두 여분을 헤아려 쓰도록 하고, 관군으로서 의병 모집에 응한 자들은 또한 그 거취를 들어주어 기세를 돕게 하니, 그리하여 병기 7바리를 얻어 왔다.

10일 기사.

들건대 한강(漢江)을 지키지 못하여 왜적이 경성(京城)에 입성하였고, 유도대장(留都大將) 이양원(李陽元)과 원수(元帥) 김명원(金命元)이 패하여 달아났다는 소식이었다.

[협주]

왜적은 동래(東萊)에서 세 방향으로 나뉘었는데, 한 방향❶의 왜적은 양산(梁山)에서 밀양(密陽)·청도(淸道)·대구(大丘: 大邱)를 거쳐 상주(尙州)에 이르러 이일(李鎰)의 군대를 격파하였고, 다른 방향❷의 왜적은 장기(長鬐)를 경유하여 좌병영(左兵營) 울산(蔚山)을 함락하고 경주(慶州)·의흥(義興)·용궁(龍宮)을 거쳐 문경(聞慶)으로 나가 군대를 합쳐서 조령(鳥嶺)을 넘어 충주(忠州)로 들어가 신립(申砬)의 군대를 격파하였고, 또 다른 방향❸은 김해(金海)·성주(星州)·김산(金山: 金泉)을 경유하여 영동(永同)으로 나가 청주(淸州)를 함락시키고 경기(京畿)를 향하였다. 세 방향의 군대가 한꺼번에 도성을 바라보자, 김명원(金命元)은 제천정(濟川亭)에 있다가 변복(變服)하고서 달아났고, 이양원(李陽元)도 또한 도망쳤다. 5월 3일 모든 왜적들이 한강을 건너 도성 안으로 난입하는데 무인지경에 들어가듯 하였다.

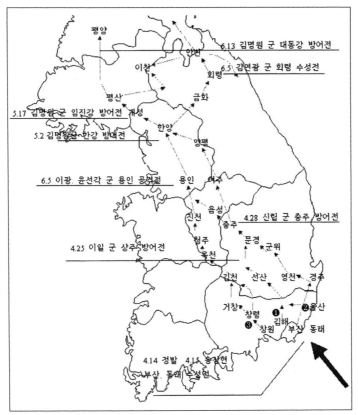

왜군의 진격로와 조선의 방어전

11일 경오。

　부친이 의병을 모집하기 위해 밤낮없이 이리저리 치달리느라 잠을 자거나 밥을 먹을 겨를도 없었다. 산골짜기를 드나들 때는 가노(家奴) 일운(一雲)으로 하여금 미숫가루를 싸서 뒤따르도록 하였다가 굶주림이 심하면 말 위에서 잠시 그것을 마셨는데, 바람 속에서 먹고 비를 무릅쓰고 자며 온갖 고생을 다 겪었다. 남원(南原)·운봉(雲峯)·장수(長水)·구례(求禮)·곡성(谷城) 등 여러 곳은 깊은 산골짜기에 후미진 곳이었지만 거의 가 보지 않은 데가 없었다. 사람들이 간혹 "아마도 굶주림을 참고 쏜살같이 이리저리 내달리다가는 조리를 못해 몸이 상할 것이다."라고 하면, 부친은 통곡하여 말했다.

"지금 임금께서 피난을 떠나시어 광무제(光武帝)에게는 바쳐졌던 콩국과 꽁보리밥조차도 잇기가 어려운데, 이 어찌 신하된 자가 기꺼운 마음으로 자고 먹을 때란 말인가?"

통곡 소리와 함께 눈물을 흘리니, 듣는 자들이 모두 눈물을 흘리지 않는 자가 없었다.

[협주]

4월 그믐날 대가(大駕)가 비를 무릅쓰고 저녁이 되어서야 동파역(東坡驛)에 도착했는데, 파주 목사(坡州牧使) 허진(許晉)과 장단 부사(長湍府使) 구효연(具孝淵)이 임시로 어주(御廚: 임금의 식사를 조리하기 위한 부엌)를 설치하였다. 임금을 호위하던 군사들이 너무나 굶주려 부엌으로 난입하여 마구 빼앗아 먹어서 음식을 주상에게 바칠 수가 없게 되자, 허진과 구효연이 두려워 달아나 버렸다. 다음날 개성(開城)을 향해 출발하였는데, 황해도관찰사 조인득(趙仁得)이 오는 길목에 장막을 설치하여 비로소 수라를 먹을 수 있었고, 백관(百官)들도 또한 어렵사리 시장기를 면할 수 있었다.

○ 집에 있는 흑마 한 마리가 하루에 500리를 능히 달릴 수 있었다. 경인년(1590)부터 집에서 길렀는데 오룡(烏龍)이라 불렀다. 또 10여 년 전 공주(公州)의 관아에 있었을 때 보검(寶劍)을 팔려는 자가 있었다. 보검의 길이가 3자 가량이었는데, 억지로 그 값을 갚아 주고 보배로 여겨 간직하였다. 의병을 일으키기로 결심하기에 이르자, 부친은 물고기가 그려진 칼집을 어루만지고 오룡(烏龍)을 채찍질하며 사람들에게 말했다.

"이 검을 차고 이 말을 타고서 이 적을 죽여 우리 임금께 보답하고 우리나라를 회복하여 나의 공을 (역사책에) 기록하는 것, 이것이야말로 나의 뜻이고 바라는 것이오."

사람들이 모두 말했다.

"보검과 오룡마는 또한 때를 맞추어 나온 것이로다."

12일 신미。

듣건대, 이광(李洸)이 진군하여 금강(錦江)에 이르렀을 때 대가(大駕)가 도성을 버리고 서쪽으로 피난 간 것을 듣고서 공주(公州)에서 며칠 동안 계속 머무르다가 끝내 군대의 진(陣)을 풀어헤쳐 군대를 물리니 인심은 흉흉해지고 왜적의 기세는 맹위를 떨쳤다고 한다.

[협주]

애초에 이광(李洸)이 조정에서 군사를 징발하여 병마(兵馬)를 출동시

킬 것을 독촉한다는 소식을 들었지만, 기일이 몹시 촉박하고 큰비에
길이 막혔고 군졸들도 굶주림과 목마름에 매질을 견디지 못하고 어떤
자는 길에서 목을 매고 어떤 자는 물에 뛰어들자, 공주(公州)에 도착한
뒤 7일 동안 머무르다가 곧 군대를 해산하니 많은 무리들이 산산이
흩어져 버렸다.

13일 임신.

옥과현(玉果縣)의 학유(學諭) 류팽로(柳彭老)는 부친의 이종(姨從)
이다. 부친이 의병을 일으키고자 군사를 모은다는 것을 듣고는 건
장한 하인 37명을 거느리고 단번에 채찍질하여 치달려 오니, 부친
이 그와 함께 밤낮으로 무예를 강마(講磨)하였다.

14일 계유.

이때부터 의병이 차츰 모여들었는데, 건장한 남자들로 소문을
듣고 이른 자들이 또한 100여 명이었다. 같은 고을 사람인 방원진
(房元震)이 모집에 응하여 왔는데, 방원진은 사계(沙溪) 방응현(房應
賢)의 손자로 나이가 겨우 18세이지만 기개가 우뚝하고 말과 의론
이 격렬하니, 부친이 매우 칭찬하고 장려하였다.

15일 갑술.

부친이 제봉(霽峯) 고경명(高敬命)에게 편지를 써서 힘을 합쳐 왜
적을 토벌하자는 뜻을 말하였다. 이때 고공(高公: 고경명)은 전 동래

부사(前東萊府使)로서 광주(光州)에 머물고 있었는데, 한 시대의 두 터운 인망을 받았고 부친과도 오랜 교분이 있었다.

16일 을해.

우리 남원 고을 사람인 채희연(蔡希淵)이 의병 모집에 응하여 왔다. 채희연은 진사(進士) 채원상(蔡元祥)의 아들로 큰 뼈대에 긴 수염을 한데다 대담한 책략을 많이 지녔고 말타기와 활쏘기를 잘하였으니, 부친이 기뻐하여 말했다.

"내가 채군(蔡君)을 얻었으니, 왜적이 내게 무슨 상관이랴?"

18일 정축.

제봉(霽峯) 고공(高公: 고경명)의 답서에 그믐 전으로 기약하여 담양면(潭陽面)에서 만나 의병을 일으키기로 결정하자고 하였다.

19일 무인.

듣건대 삼도(三道)의 근왕병(勤王兵)들이 용인(龍仁)에서 무너졌다는 소식이었다.

[협주]

이광(李洸)이 군사를 해산하고 스스로 편치 않아서 다시 병사들을 징발하여 충청도순찰사 윤국형(尹國馨)과 함께 진격하려는데 경상도순찰사 김수(金睟) 또한 모이니, 병사들 모두 5만여 명이 용인(龍仁)에 이르렀다. 북두산(北斗山) 위에 왜적이 있었는데, 이광이 이를 가볍게 여기고 건장한 병사 백광언(白光彦)·이시례(李時禮)로 하여금 싸움을 걸게 하자, 왜적들이 칼을 빼어들고 산을 내려와 백광언 등을 베어 죽였다. 세 순찰사가 모두 병법(兵法)에 익숙하지 않아서 수만 명의 군사였음에도 명령이 통일되지 않았으니, 왜적이 칼을 휘두르며 크게 고함치자 삼도(三道)의 군사들은 일시에 도망하기에 바빴다. 왜적들이 뒤에서 엄습하여 죽이니 죽은 시체가 즐비하였으며, 왜적은 전마(戰馬) 2천 필을 획득하고 무기들을 모두 불태워 버렸다. 이광은 임피(臨陂)로 달아났고, 김수는 경상우도로 달아났고, 윤국형은 공주(公州)로 달아났다.

20일 기묘。

의병들을 별서(別墅) 앞 들판에서 훈련시켰다. 이때 의병으로 모집에 응한 자들이 거의 수천 명이었고, 또 가동(家僮) 100여 명을 동원하여 대오(隊伍)에 편입시켰다.

21일 경진。

부친이 무리들에게 맹세하여 말했다.

"예전에 내가 듣건대 선전관(宣傳官) 황진(黃進)이 말하기를, '왜사(倭使)와 수길(秀吉)이 간사하고 음흉하기 비할 데 없어서 맹약을 무시하고 쳐들어오려는 뜻을 질사발로 막걸리를 마시고 파하던 날에 점칠 수 있었고, 어린 아이를 안고서 사신을 접대한 것은 아이가 우리를 대접한 것이다.'라고 하였으니, 어찌 이러한 왜적과 함께 하늘에 있는 해를 이고 있을 수 있으랴?"

[협주]

황진은 익성공(翼成公) 황희(黃喜)의 후예로 무과에 급제하고 황윤길 (黃允吉)을 따라 일본에 갔는데, 대마도(對馬島)에 머물다가 일기도 (一歧島)·박다주(博多州)·장문주(長門州)·낭고야(郞古耶)을 거쳐 4월에서 7월 그믐에 이르러서야 비로소 왜도(倭都)에 도착하였으니, 일부러 그 길을 우회하였던 것이다. 풍신수길의 용모는 왜소하고 얼굴 은 검은 듯해서 특이한 모습에 다름 아니었지만, 눈빛이 빛나 사람을 쏘아보았다. 잔치에서 우리 사신을 대접하는 음식이 소략하였고 무례 하기가 너무 심하였다.

22일 신사。

소를 잡고 술자리를 크게 베풀어 의병들을 먹이고 그 별서(別墅) 에 마침내 붉은 깃발을 세웠는데, 의병장 양대박이라고 썼다.

○ 부친은 누대의 부귀한 가업을 기반으로 하여 재산이 넉넉하 기가 전라도에서 으뜸이었는데, 이때에 이르러 호걸스런 선비들과 의리를 맺고 대중들을 먹이는 일에 모조리 탕진하였지만 염두에 두지도 않았다.

23일 임오。

부친이 담양(潭陽)으로 가니, 고공(高公: 고경명)이 과연 이르렀다.

24일 계미。

부친은 고공(高公: 고경명)과 날을 정해 의병을 일으키고자 때를 정하여 모이기로 하고 돌아왔다.

25일 갑신。

경우(慶遇)가 모친을 가서 뵙기 위해 청계동(靑溪洞)으로 돌아갔다.

26일 을유。

채희연(蔡希淵)은 부친의 병환이 중하여 만날 날을 기약하고 작별하고 떠났다.

28일 정해。

들건대 대가(大駕)가 평양(平壤)에 머물면서 천조(天朝: 명나라)에게 구원해주기를 간청한다는 소식이었는데, 부친이 말했다.

"우리가 이미 왜적을 베지 못한 것을 사신이 상국(上國: 명나라)에 알렸는데 지금 오히려 황제의 구원을 간청하니, 천조(天朝)가 우리를 기꺼이 믿고 출병하겠는가?"

29일 무자。

의병으로 모여든 자가 3천여 명 가량 되어 우리 남원부(南原府) 남쪽 율장(栗場)에서 크게 모여 훈련하니, 군의 위용을 성대히 떨쳤고 군대의 규율이 엄숙하였다. 이날 방원진(房元震)이 소 10여 마리를 몰고 와서 의병을 먹이고, 김류(金瀏)도 또한 군량미 18포대를 가져왔다. 김류는 군수(郡守: 영광군수) 김익복(金益福)의 아들로 어려서부터 부친에게 배웠는데, 이때에 이르러 김익복의 명을 받들어 양식을 가지고 와서 의병을 먹였다.

● 6월

1일 기축。

부친이 새벽에 일어나서 의병(義兵)과 장사(將士)들을 거느리고 북쪽 행재소(行在所)를 바라보며 네 번 절했다.

4일 임진。

부친이 의병들에게 맹세하여 말했다.

"영남의 곽재우(郭再祐)와 최변(崔汴)이 창의하여 의병을 이끌고 왜적을 토벌한 것은 듣자니 매우 기쁘고 다행스럽소만, 서예원(徐禮元)과 우복룡(禹伏龍)은 적의 머리를 사들여 나라를 속였으니 통탄스러움을 금치 못하겠소이다."

[협주]

곽재우는 의령(宜寧)의 정진(鼎津: 정암진)에서 왜적을 습격하였고, 최변은 지례(知禮: 金泉)의 장곡(長谷)에서 왜적을 격파하였지만, 김해 부사(金海府使) 서예원은 재물을 흩어 적의 머리를 사서 머리를 짧게 깎고 그 시체를 거짓 보고하여 공훈이 있는 것으로 기록하였고, 용궁 현감(龍宮縣監) 우복룡은 우리 하양현(河陽縣)의 군졸을 습격해 죽이고서 수백 명을 머리 깎은 시체로 만들어 승리를 거두었다는 소식을 아뢰었고, 김수(金睟)는 왜적의 머리를 바쳐서 안동(安東)의 수령으로 발탁되었다.

5일 계사。

크게 음식을 주어 의병을 위로하였는데, 지난달부터 날마다 소

를 잡아서 의병들에게 먹여 위로하였던 것이다. 길을 떠나는 날에
또 말 한 마리를 죽여 장사(將士)들과 그 피를 마시면서 맹세하여
말했다.

"이 왜적들을 제거하지 못한다면 살아서 무엇 하리까?"

제문(祭文)을 지어서 집안의 사당에 고하고 통곡하며 하직인사를
하였다.

6일 갑오。

부친이 의병 3천 명을 거느리고 남원(南原)에서 담양(潭陽)으로
나아갔는데, 경우(慶遇) 형제도 종군하였다.

7일 을미。

진군하여 담양(潭陽)에 이르자, 제봉(霽峯) 고공(高公: 고경명)도
이르렀는데 둘째아들 학유(學諭) 고인후(高因厚)가 그를 수행하고
있었다. 사정(射亭)의 남쪽과 북쪽에 높이 쌓은 두 단에 부친과 고
공(高公)이 마주앉아 무예를 연습시켰다. 학유(學諭) 류팽로(柳彭
老), 우리고을 사람 안영(安瑛)도 역시 부친을 따르면서 여러 사람
들과 의논하며 말했다.

"이처럼 국가의 형세가 허물어지고 인심이 흩어지는 때를 당하
여 빨리 대장을 세우지 않으면 무리들을 진정할 수 없소이다."

이에 고공(高公)을 맹주로 추대하였고, 부친은 그의 부장(副將)으
로 참모군사(參謀軍事)가 되었다.

○ 이날 휘하의 병사들이 모두 말했다.

"3천 명의 의병들을 모집할 때 공(公)의 명성에 다투어 따른 것인데, 지금 공(公)이 장군의 자리를 비워두고 남에게 돌리는 것은 심히 의사(義士)들의 마음을 잃는 것이오이다."

병사들의 의견이 떠들썩하며 그치지 않자, 부친이 말했다.

"그렇지 않다. 의병을 일으키기로 발기하는 날에 만약 스스로 장수가 된다면, 이는 사람들에게 이기적인 행위를 보이는 것이니 어찌 무리들을 진정할 수 있겠소? 또 고공(高公)은 충성스럽고 의로운 분으로 나이도 지위도 모두 나보다 높으니, 그대들은 나를 섬기듯이 그를 섬겨주오. 왕실에 힘을 바쳐 어려운 고비를 극복해야 하니, 명을 따르지 않는 자가 있을지라도 나는 삼척검(三尺劍)이 있을 뿐이오."

중론이 마침내 결정되었다.

9일 정유。
군대를 합쳐 크게 검열하고서 병사들에게 음식을 주어 위로하였다.

11일 기해。
담양(潭陽)으로 출병하였는데, 임금을 위해 힘쓸 계획이었다.

12일 경자。
군대가 태인현(泰仁縣)에 머물렀다.

13일 신축。

금구(金溝)를 경유해 진군하여 전주(全州)로 향하는 길에 제봉공(霽峯公: 고경명)의 맏아들 임피 현령(臨陂縣令) 고종후(高從厚)를 만났는데, 그와 함께 원근에서 의병의 모집에 응한 자가 10명씩 100명씩 무리를 지어 와 도로에서 맞았다. 이에 무리가 4천 명에 이르러 전주에 도착하였다.

○ 듣건대 임진강(臨津江)을 지키지 못하고 한응인(韓應寅)과 박충간(朴忠侃)이 패하여 달아났다는 소식이었다.

[협주]

당초에 한응인과 김명원(金命元)이 임진강을 지켰는데, 왜적은 배가 없어 건널 수가 없었다. 10여 일 뒤에 왜적이 막사를 태우고 거짓으로 물러났는데, 신할(申硈)이 건너가 공격하려 하자 유극량(劉克良)이 불가하다고 하였다. 그러나 신할은 베고자 하여 마침내 왜적들을 추격하였는데 과연 잠복한 왜적 정예병이 나타나 유극량과 신할은 피살되었고 군사들은 대항하지 못하고 엎드려 칼날을 받았는데 간혹 스스로 강물에 투신하기도 하였다. 이에 박충간이 먼저 달아났고 한응인과 김명원도 모두 달아나자, 여울을 지키던 군사들이 무너져 흩어졌다. 5월 27일 왜적은 임진강의 서쪽 아래로 건넜다.

○ 부친이 고공(高公: 고경명)에게 말했다.

"우리는 수천 명의 고립된 군대로서 한창 세력을 떨치고 있는

100만 명의 왜적을 막으려면 그 형세상 필시 불행한 사태가 벌어질 것이옵니다. 더 의병을 모집하여 위세를 더욱 떨치는 것 만한 것이 없나이다."

고공이 말했다.

"공(公)이 아니면 누가 그 책임을 맡겠소?"

부친은 마침내 더욱 의병 모집하는 것을 자신의 임무로 여기고서 경우(慶遇)로 하여금 군대의 서적을 관장토록 하고 군졸 2천 명을 주어 고공(高公)을 따라 전주(全州)에 머무르게 하고는, 동생 형우(亨遇)와 함께 다시 남원(南原)으로 향하였다.

종군일기 중

양형우 지음

만력 20년 임진년

● 6월

14일 임인。

부친이 의병을 더 모집하기 위해 전주(全州)에서 다시 남원(南原)을 향했는데, 형우(亨遇)와 대여섯 명의 군졸이 따랐다.

15일 계묘。

때가 폭염이 바야흐로 한창인데다 장맛비마저 오랫동안 내려 찌는 듯했다. 그런데도 부친은 남원(南原)·순창(淳昌)·임실(任實) 등지로 드나들며 타일러서 의병으로 불러들이는 것을 처음 모집할 때처럼 하였다.

16일 갑진。

부친은 날마다 의병을 모집하기 위해 이리저리 산을 넘고 물을 건너느라 객지에서 고생하였다. 이와 같이 10여 일 동안 하니, 의병 모집에 응하는 자가 차츰 메아리처럼 모여들었다.

[협주]

5월 선생이 담양(潭陽)으로 간 뒤, 의병 모집에 응하여 와서 이서(伊野)에 모인 자가 300명에 가까웠지만 모두 해산하고 돌아갔다. 이때에 이르러 의병을 더 모집한다는 소식을 듣고 다시 모여든 것이다.

18일 병오。

부친의 재산은 지난달 병사들을 먹여 위로하였을 때에 탕진하였다. 형우(亨遇)가 부친의 명으로 남원 부사(南原府使) 윤안성(尹安性)을 찾아가서 의병과 군량을 더 모집할 수 있도록 해주기를 청하였다. 남원부사는 군량 60석, 전마(戰馬) 40필을 주었으며, 장수와 군사로서 의병 모집에 응하려는 자가 비록 관적(官籍)에 있을지라도 또한 넘겨준 것이 많았다. 또 형우(亨遇)에게 말했다.

"존공(尊公: 양대박)의 충성과 절개는 사람의 마음을 감동시키니, 끝내 왜적 놈들을 격파할 분은 반드시 존공일 것이네."

19일 정미。

날이 밝아올 즈음, 우리 고을의 부사(府使)가 부친을 만나러 와서 힘을 합하여 처음처럼 성을 지키자고 청하였다. 부친은 의병의 한 부대를 거느리고 이미 전주(全州)를 향하여 떠나야 한 까닭으로 중간에 그만 둘 수 없다며 사양하였다. 우리 고을의 부사가 말했다.

"나도 또한 의병을 따라서 공(公)과 일을 같이 하고 싶으나, 순찰사가 의병에 대해 다방면으로 가로막으니 진실로 어찌할 도리가 없소이다."

또 말했다.

"공께서 전에 순찰사는 반드시 패하리라고 말씀하셨는데, 아군의 폐부를 깊이 헤아려 살피신 것이라 이를 만하오이다."

이어서 혀끝을 차면서 떠났다.

20일 무신.

듣건대 무주(茂朱)를 침범했던 왜적이 도로 영남으로 향하자, 창의사(倡義使) 김천일(金千鎰)이 나주(羅州) 의병을 이미 북쪽으로 향했다는 소식이었는지라, 하루에 이틀 갈 길을 진군하여 고공(高公: 고경명)의 군대와 합친 뒤 힘을 모아 북상하여 임금을 위해 힘쓸 계획이었다.

22일 경술.

부친이 의병 장수들과 북쪽 행재소(行在所)를 바라보며 네 번 절하고 통곡해 마지않았는데, 온 군대가 이 때문에 눈물을 흘렸다. 이에, 부친이 말했다.

"왜적 놈의 편지 안에 천하가 나에게 귀의하니 한번 뛰어 대명국(大明國)으로 들어가겠다는 말이 있으니, 이것은 비단 우리의 적만이 아니라 천하의 적이로다. 지금 의병이 진실로 능히 천하를 위해 흉악한 적을 제거한다면, 곧 이른바 천하에서 대적할 자가 없다는 것이다."

[협주]

평수길(平秀吉)의 서계(書契)에 이르기를, "나의 요청을 들어주어 세 사신을 보내 주시니 매우 다행스럽습니다. 우리나라 60주(州: 66주의 오기)가 근래 분리되었는데, 내가 반신(叛臣)들을 치고 역적들을 토벌하여 모두 내 손아귀에 들어왔습니다. 나를 잉태하였을 때, 나의 어머니는 해가 품속으로 들어오는 것을 꿈꾸었는데, 사해(四海)에 위명을 떨칠 것이라 하였습니다. 적이 되려고 마음을 먹은 자는 자연히 멸망되고, 개벽한 이래 낙양(洛陽: 수도)의 아름다움이 오늘과 같은 적은 없었습니다. 한번 뛰어 곧바로 대명국(大明國)으로 들어가 황제의 조정에서 억만 년에 이르도록 정치를 행하는 것을 마음에 품고 있습니다."고 운운하였다.

23일 신해。

군사들을 위로하여 먹이고 이서(伊墅)에서 조직하고 훈련하니, 군대의 진용이 정돈되고 엄숙한데다 사기도 날마다 더욱 높아져서 모두 일전(一戰: 한바탕의 싸움)하기를 원했다.

24일 임자。

부친이 더 모집한 의병으로 죽음을 두려워하지 않는 자 1천여 명을 거느리고 남원(南原)에서 장차 전주(全州)로 가려고 임실(任實)의 갈담역(葛潭驛: 葛覃驛의 오기)에 전진하여 머물고 있었다.

25일 계축。

새벽에 잠자리에서 밥을 먹고 막 율치(栗峙: 밤실골)를 넘으려는데, 운암(雲巖)의 장곡(長谷)에 왜적의 유격병 1만여 명이 쫙 깔려있었다. 이에 부친이 의병군을 두 부대로 나누고는, 형우(亨遇)로하여금 한 부대를 거느리게 하고 방략을 일러주어 좌우에서 협공하도록 해 크게 격파하였다. 부친이 손수 왜적의 머리를 벤 것이 50급(級)이고, 의병들이 쳐 죽인 것이 거의 1천여 명이었다. 왜적을짓이겨 무찔러 물리치니, 흐르는 냇물도 붉었다. 그리고 우리나라사람으로 왜적의 포로가 된 남녀 수백 명을 구하였다. 마침내 운암을 정벌하고 작은 고개 위에 있는 큰 정자 옆의 나무에 하얗게 새기니, 이러하다.

「임진년 6월 25일 의병장 양대박 이곳에서 왜군을 무찌르다.」

[협주]

이때 왜적은 바야흐로 조천(窜川) 주변에 네모지게 대열을 짓고 아침밥을 지을 계획이었는데, 선생이 칼을 치며 말했다.

"지금이 바로 임금님의 원한을 갚아야 할 때이로다. 만일 왜적을 속이는 기묘한 계략을 내지 않으면 성공할 길이 없으리로다."

마침내 의병을 두 부대로 나누어 형우(亨遇)로 하여금 한 부대를 거느리고 백운암(白雲菴)의 동쪽에 잠복하게 하고는, 선생이 직접 한 부대의 병마(兵馬)를 거느리고 율치(栗峙: 밤실골)에서 북을 두드리며 내려왔다. 왜적은 조천 주변에 포진하고 있었는데 전군(前軍)은 대여섯 명씩 또는 여덟아홉 명씩으로 모두 큰 칼을 메거나 칼을 세우고 있었는데, 칼은 길이가 한 장(丈) 남짓으로 햇빛이 아래로 쏟아지자 번쩍번쩍하는 것이 번개 같았다. 선생이 말했다.

"두려워 말라! 보아라! 이와 같은 자들이 어찌 그와 같은 칼을 쓸 수 있겠느냐?"

선생이 칼을 뽑고서 돌격하며 귀신처럼 출몰하자, 의병들이 죽음을 각오하고 싸웠다. 형우(亨遇)도 또한 서쪽에서 큰소리로 고함치며 그 중견(中堅: 정예부대의 中軍)을 공격하여 왜적의 진 중간을 무너뜨리자, 의병이 협공하여 크게 격파하였다. 마침내 군사를 정돈하여 점검하고 사열하니, 의병 가운데 총탄에 맞아 죽은 자는 거의 40명이었다. 선생은 그들의 시신을 거두어서 묻어주고 제문(祭文)을 지어 위로하였다. 획득한 왜적의 칼을 보니 과연 나무를 깎아서 만들어 백랍(白鑞: 땜납)으로 광택을 내었으니, 적을 속이려고 한 물건으로 여겨졌다.

26일 갑인.

염암(塩巖)에 진군하자, 왜군이 우리의 붉은 깃발과 표호(標號)를 보고는 모두 갑옷을 끌며 달아나고 감히 우리들의 칼날을 막아내지 못하니, 전주(全州)의 북정(北亭)까지 진군하여 머물렀다.

27일 을묘.

전라도사(全羅都事) 최철견(崔鐵堅)이 소고기와 술을 크게 갖추어 와서 의병들을 먹이며 운암(雲巖)에서의 승리를 칭찬하였다.

28일 병진.

듣건대 황간(黃磵)의 왜적들이 쳐들어가자 금산 군수(錦山郡守)가 패하여 죽었다는 소식이어서 그대로 완산(完山)에 진을 치고 머물렀다. 해질 무렵일 때 부친이 갑자기 이상한 병에 걸려 매우 위독하자, 병 때문에 진군을 바삐 다그칠 수 없다는 연유를 제봉(霽峯) 고공(高公: 고경명)에게 서면으로 보고하였다.

29일 정사.

듣건대 대군(大軍)이 은진(恩津)을 향하여 출발했다고 하였다. 부친의 하혈(下血)하는 증상이 몹시 심하여 도사(都事) 최철견(崔鐵堅)이 군중(軍中)에서 부친의 질환을 위문하고 약물을 도와주었다.

● 7월

1일 무오.

부친은 병환이 낫지 않았지만 군중의 마음이 흉흉하고 소란해지자, 마침내 병을 무릅쓰고 전주(全州)의 북정(北亭)에서 병사들을 훈련시키고 행재소(行在所)를 바라보며 4번 절하였다.

그리고 대가(大駕)가 장차 중원(中原: 명나라)에 귀순하려 한다는 소식을 듣고서 통곡해 마지않다가 정신과 기운이 갑자기 가라앉고 붉은 피를 쏟았는데 거의 몇 사발에 이르렀다. 이때 형(兄: 慶遇)은 고공(高公: 고경명)을 따라 여산진(礪山鎭)에 있었으니, 홀로 형우(亨

遇)가 모시고 약을 달여 드리다가 해가 저물자 애태우며 눈물을 흘렸다.

2일 기미。

형우(亨遇)가 의원을 불러다가 진찰하게 하니, 의원이 말했다.

"근심과 노고가 마음을 상하게 하고 바람과 이슬이 몸을 침범하여 쌓인 것이 극에 달해서 도졌으니 필시 치료하기 어렵습니다."

대개 부친이 두 번에 걸쳐 의병을 불러 모으느라 염천의 더위를 무릅쓰고서 굶주림을 참아가며 이리저리 넓은 들판 사이를 말 타고 달린 것은 거의 두 달이었다. 4천 명의 의병 및 병기와 군량 등은 모두 자신이 스스로 경영하고 관리하느라 마음과 몸을 다 바치고 살결이 날마다 녹았으니, 병환의 뿌리는 이에서 비롯된 것이다.

3일 경신。

듣건대 금산(錦山)의 왜적이 말하기를, "장차 완부(完府: 전주)로 핍박해 들어가겠다."고 하였다니, 완부의 형세가 긴박해질 것이다. 아침저녁으로 조심하였지만 부친의 병환 증세는 배나 더 위독해졌다. 형우(亨遇)가 즉시 이에 대한 생각을 편지로 써서 고공(高公: 고경명) 및 사형(舍兄: 慶遇)에 보내며 의병들을 진산(珍山)으로 옮기려고 하자, 모두가 말했다.

"우리들은 양공(梁公: 양대박)에 의해 쓰였으니, 진산으로 보내지는 것을 바라지 않나이다."

○ 듣건대 왜적이 평양(平壤)을 함락했다는 소식이었다.

[협주]

6월 8일 왜적이 대동강(大同江)에 이르자, 대가(大駕)가 평양(平壤)을 떠나 영변(寧邊)을 향하면서 좌의정 윤두수(尹斗壽)에게는 평양을 지키도록 하고, 순찰사 이원익(李元翼)과 도원수 김명원(金命元)에게는 연광정(練光亭)에 있도록 하고, 평안도 감사(監司) 송언신(宋言愼)에게는 대동성문을 지키도록 하고, 병사(兵使: 안주 병사) 최윤덕(崔潤德: 李潤德의 오기)에게는 부벽루(浮碧樓)를 지키도록 하고, 자산 군수(慈山郡守) 윤유후(尹裕後)에게는 장경문(長慶門)을 지키도록 하였다. 왜적은 한 장(丈)이 넘는 큰 칼을 메었고 얼굴이 눈과 서리처럼 희었는데 장차 대동강을 건너려 하였다. 강물이 날마다 줄어들므로 재신(宰臣)들을 나누어 보내 단군(檀君)·기자(箕子)·동명왕(東明王)의 사당에 비를 빌었지만 여전히 비가 오지 않았다. 그런데도 왜적이 여러 날 건너지 못하고 있자, 6월 14일 고언백(高彦伯)으로 하여금 정예 군사를 거느리고 능라도(綾羅島)를 따라 강을 건너 몰래 왜적을 급습하도록 하여 전마(戰馬) 수백 필을 빼앗았다. 왜적이 크게 일어나자 아군은 물러나야만 했는데, 배를 댈 수가 없어 물에 빠져 죽은 자가 많았다. 남은 군사들이 왕성탄(王城灘)을 따라 강물에 마구 뛰어들어 건넜다. 이날 저녁에 왜적의 모든 군사가 얕은 여물로 건넜다. 류성룡(柳成龍)은 호종(扈從: 임금의 호위)을 핑계로 먼저 박천(博川)으로 달려갔고, 윤두수(尹斗壽)·김명원(金命元)이 성안의 사람들을 다 내보내고는 군기와 화포들을 풍월루(風月樓) 연못 가운데에 가라앉히고 순안(順安)으로 떠났다. 다음날 왜적은 평양(平壤)을 함락시켰다.

4일 신유。

군중이 밤에 놀라 우레와 같이 우는 목소리로 말했다.

"대장이 죽는다면 몹시 당황하여 흔들릴 것입니다."

부친이 기운을 내고 소리를 내어 말했다.

"하늘이 만약 우리나라를 도우신다면 반드시 그러한 일은 없을 것이다."

휘하의 병사들이 단(壇)을 쌓고 하늘에 다투어 기도하였다.

5일 임술。

밤중에 오룡마(烏龍馬)가 갑자기 슬피 울더니 휘청거리며 먹지 못하고 죽었다. 부친이 말했다.

"나는 이제 끝났도다. 오룡마가 나보다 먼저 죽었으니, 하늘이 나를 보살피지 않으심이로다. 비록 그러하더라도 죽어서 여귀(厲鬼)가 되어 기필코 왜적 놈들을 죽일 것인데, 내 어찌 장순(張巡: 당나라 충신)보다 뒤질 수 있겠느냐?"

이 말을 들은 사람은 울음을 삼키지 않은 이가 없었다.

6일 계해。

닭이 세 번 울자, 부친이 다시 일어나 앉아서 말했다.

"내가 꿈에서 하늘에 올라가 상제(上帝)를 뵙고는 우리나라를 구원해달라고 울며 청하니, 상제께서 가엾게 여겨 말하기를, '마땅히 신병(神兵)을 내려보내어 왜적들을 무찔러 죽이리라.'고 하였다. 나는 이미 상제로부터 허락을 받았으니 걱정할 것이 없도다."

장수와 병사들 두세 명을 불러서 마주해 말한 잠깐 사이에도 병이 더욱 위독해져 숨이 거의 끊어질 듯한 데도 자상하게 꿈결처럼 한 말은 오직 왜적을 토벌하는 한 가지 일뿐이었다.

[협주]

6월 22일 대가(大駕)가 의주(義州)로 거둥하면서 황조(皇朝: 명나라)에 구원병을 요청하고 또 신종 황제(神宗皇帝)에게 귀순하기를 청하자, 요동병(遼東兵) 3천 명을 일으켜서 총병(總兵) 조승훈(祖承訓)·유격장(遊擊將) 사유(史儒)가 과연 7월에 압록강을 건너 왔다. 또 병사 4만 명을 대규모로 일으켜서 경략(經略) 송응창(宋應昌)·제독(提督) 이여송(李如松)이 구원하러 와서 계사년(1593) 정월에 평양성(平壤城)을 공격하여 격파하였고, 4월에 경성(京城: 한양)을 수복하였다. 명나라 군대가 두 차례 구원하러 온 병사의 수는 14만 2,700명이었다. 제봉(霽峯) 고공(高公: 고경명)이 말했다.

"청계(靑溪: 양대박)의 이번 꿈은 반드시 천조(天朝: 명나라)가 우리나라에 구원병을 보내는 것을 시원스레 허락하리라는 조짐이었도다."

7일 갑자.

부친이 병을 무릅쓰고 기대어 앉아 검을 보며 눈물만 드리울 뿐 아무런 말을 하지 않았다. 단지 가슴에 걸려 말이 나오지 않아 흐느끼는 소리만 났는데, 마침내 누워 일어나지 못하였다. 이날 해 아래

에 비스듬히 2개의 긴 무지개가 뻗쳐 있었는데 해가 서쪽으로 기울
때까지도 사라지지 않더니, 밤에 크게 천둥 치면서 비가 내렸다.

[협주]

애초에 풍신수길(豊臣秀吉)이 이미 영남을 함락하고 또 맹장 대남비
(大南飛)로 하여금 청정(淸正: 加籐淸正)과 합세하여 호남을 함락하
도록 하였다. 대남비는 순천(順天)에서 다리를 건너 순창(淳昌)으로
쳐들어오고, 청정이 영남에서 황간(黃磵)을 거쳐 금산(錦山)을 함락
하고는 장차 전주(全州)로 향하려는데, 갑자기 대남비가 운암(雲巖)
에서 패하여 죽은데다 선생이 전주에 진을 치고 머물러 있어서 쳐들어
오려고 하지 않았다. 칠석(七夕)에 이르러서는 누군가가 선생이 세상
을 떠났다고 전했지만, 청정은 오히려 겁을 집어먹은 채 머뭇거리다가
감히 다가오지 못하고 도로 영남 우도(嶺南右道)로 달아났으니, 호남
은 다행히 온전하여 중흥의 기틀이 되었다. 사람들이 "죽은 제갈량(諸
葛亮)이 산 청정을 패주시켰다."고 하였다.

|번역|
양대박 창의 종군일기

종군일기 하

양경우 지음

만력 20년 임진년(1592)

● 6월

14일 임인.

부친이 의병을 더 모집하기 위해 다시 남원(南原)으로 향했는데, 경우(慶遇)는 부친의 명으로 의병 2천 명을 거느리고서 고공(高公: 고경명)을 따라 전주(全州)에 진을 치고 머물러 있었다.

15일 계묘.

상장(上將) 고공(高公: 고경명)이 경우(慶遇)와 함께 전주부윤(全州府尹) 권수(權慫)를 찾아가서 만났는데, 권수가 의병군의 양식으로 쌀과 콩 50포대를 주었다.

16일 갑진.

전주(全州)에서 의병들을 한 곳에 모아 훈련하였다.

17일 을사.

영남의 왜적들이 장차 무주(茂朱)를 침범하려 한다는 소식이 들리자, 상장(上將: 고경명)이 둘째아들 고인후(高因厚)를 보내 한 부대의 의병을 이끌고 진안(鎭安) 땅에 잠복하도록 하였다.

18일 병오。

상장(上將: 고경명)이 여러 사람들과 의논하며 말했다.

"양경우(梁慶遇)는 총명하고 영특하며 기억력이 뛰어난 데다 훌륭한 계책이 많으니, 의병 부대의 문서를 맡길 만하다."

군자금과 군수품은 다 경우(慶遇)와 현령(縣令: 임피현령) 고종후(高從厚)에게 맡겼는데 함께 도모하여 마련해내었다.

○ 이날 밤에 상장(上將: 고경명)이 천문현상을 우러러 살피고서 경우(慶遇)에게 말했다.

"형혹성(熒惑星)이 미성(尾星)과 기성(箕星)의 분야(分野)에 침범해 들어가니, 우리나라가 병화를 입는 것은 진실로 하늘이 정한 운수로서 회피하기 어려울 것이다. 볼 때마다 건술방(乾戌方: 서쪽에서 북쪽으로 30도~45도 방향)에서 일어난 한 줄기의 붉은 기운이와 형혹성에 깃들어 형혹성의 빛이 죽어가고, 또 천구성(天狗星)이 때로 혜성(彗星)을 먹어 없애니, 이는 반드시 왜적 놈의 운수가 술년(戌年)에서 다할 현상이로다. 만약 햇수로 계산하자면 술년은 지금으로부터 6년인데, 우리나라와 왜적은 실로 한(漢)나라와 역적과 같으니 양립할 수 없는 형세가 어떻게 6,7년 동안 서로 버틸 수 있겠느냐? 나는 심히 걱정스럽구나."

경우(慶遇)가 말했다.

"차라리 달수로 계산하면 금년 9월 역시 술(戌)입니다. 우리가 반드시 그 달에 몹쓸 오랑캐를 소탕하여 나라를 평온하게 할 현상입니다."

상장(上將: 고경명)이 말했다.

"자네의 말도 또한 이치가 있도다."

[협주]

임진년(1592)부터 정유년(1597)에 이르기까지 몇 년 동안 전쟁하였지만, 무술년(1598) 6월 1일 평수길(平秀吉: 풍신수길)이 죽은 후에 모든 왜적들이 거두어 일본으로 돌아가고 천병(天兵: 명나라 군대)도 철수해 돌아가서 우리나라가 비로소 평온해졌다. 제봉공(霽峯公: 고경명)이 술년(戌年)이면 왜놈의 운이 다할 것이라고 한 말은 마치 좌계(左契: 명확한 증거)를 지닌 듯했으니, 사람들은 그의 신이한 예견에 탄복하였다.

19일 정미。

들건대 송강(松江) 정철(鄭澈) 재상(宰相)이 강계(江界) 유배지에서 부름을 받고 평양으로 갔다는 소식이었다. 상장(上將: 고경명)이 경우(慶遇)에게 말했다.

"내가 이전에 송강과 말할 때마다 왜변이 있을 것이라고 했지만, 송강이 내 말을 믿지 못하더니 오늘날에야 필시 많이 낭패를 겪고서는 내가 탄식하던 소리를 생각하리로다."

20일 무신。

경우(慶遇)가 상장(上將: 고경명)에게 아뢰었다.

"남원(南原) 사람으로 채희연(蔡希淵)이 강개하고 절개가 높은 데다 말타기와 활쏘기를 잘하니, 격문으로 부르기를 청하오이다."

상장(上將)이 즉시 격문으로 그를 불렀다.

[협주]

채희연(蔡希淵)이 격문에 응하여 백마를 타고 의병 부대로 달려오다가 웅치(熊峙)에서 왜적을 마주쳤는데, 화살 쏘기를 깨뜨리는 것 같이 하니 활 시위소리에 모두 꼬꾸라졌다. 왜적들이 놀라 말했다.

"이는 백마장군이다."

모두 달아나 피했다. 이윽고 적병이 많이 이르자, 채희연은 검을 뽑고 돌격하여 수십 명의 왜군 머리를 베다가 힘이 다해서 칼을 맞고 죽었다.

21일 기유。

상장(上將: 고경명)은 부친이 의병을 더 모집하여 보태도록 기다리느라 전주(全州)에 머물렀다.

22일 경술。

무주(茂朱)를 침범했던 왜적이 다시 영남으로 향해서 곧장 대궐을 들이쳐 침범하려 한다는 계책을 듣고는, 상장(上將: 고경명)이 여러 사람들에게 맹세하여 말했다.

"왜적 놈들이 곧장 도성으로 향했으니, 우리가 이곳에서 지체하여 머물러서는 아니 될 것이다."

그리하여 의병군의 대오를 정돈하고 북상해서 임금을 위해 힘쓸 계획이었다.

23일 신해.

듣건대 대가(大駕)가 평양(平壤)을 떠나 의주(義州)로 향했다는 소식이었다.

[협주]

6월 11일 대가가 평양을 떠날 때 최흥원(崔興源)·유홍(兪泓)·정철(鄭澈)이 호종하였는데, 노직(盧稷)이 종묘사직의 위패를 받들고 아울러 궁인들을 호위하여 먼저 나서자, 평양성 안의 사람들이 가로막고 공격하며 말했다.

"처음부터 성을 버리려고 했으면, 어찌하여 백성들을 몰아서 성으로 들여놓고 백성들만 어육이 되게 한단 말이오?"

15일 왜적이 평양(平壤)을 함락하였다. 이날 대가는 가산(嘉山)에 머물렀고, 중궁전(中宮殿)은 함경도(咸境道)로 향했고, 동궁(東宮)은 종묘사직의 신주를 받들어 박천(博川)에서 가산군으로 들어갔다. 인심이 붕괴되어 곳곳에서 도적질을 하여 순안(順安)·숙천(肅川)·안주(安州)·영변(寧邊)·박천(博川) 등 고을의 창고가 모두 비게 되었다. 6월 22일 대가가 의주(義州)에 이르러 행궁(行宮)으로 삼았다.

24일 임자。

들건대 평양(平壤)이 왜적에 의해 함락되었다는 소식이었다. 상장(上將: 고경명)이 검을 두드리며 눈물을 줄줄 흘리면서 말했다.

"우리나라 사람들은 오랫동안 전쟁을 겪지 않아서 방비를 게을리 하는 것이 습관으로 굳어졌다가, 한번 왜적을 만나자마자 멀리서 바라보기만 하고도 달아나 성을 지킨 곳이 한 곳도 없어서 왜적을 임금께 보내었으니, 어찌 마음이 아프지 않겠는가?"

25일 계축。

진군하여 여산(礪山)에 머물며 격문(檄文)을 지어서 충청도와 경기도 등 여러 도(道)에 시급히 전했다.

26일 갑인。

들건대 부친이 더 모집한 의병을 이끌고 남원(南原)을 떠나 임실(任實)로 향했다는 소식이었다.

27일 을묘。

진군하여 은진(恩津)에 머물렀는데, 상장(上將: 고경명)이 밤에 천문현상을 보고서 놀라 말했다.

"동쪽에서 흰 기운이 하늘에 가로지르고 있으니, 반드시 왜적이 우리를 침범하리로다."

28일 병진。

들건대 황간(黃磵)의 왜적들이 금산(錦山)을 넘어 들어와서 장차 완산(完山: 전주)에 들이닥칠 것이라고 하니, 의논하는 사람들이 말했다.

"완산은 호남의 요해처인데, 근본이 먼저 흔들리면 싸워 이기기가 어려울지니 구원하러 가기를 청하나이다."

상장(上將: 고경명)이 그의 말이 옳다고 여겼다.

29일 정사。

들건대 부친이 더 모집한 의병 1천여 명을 이끌고서 임실(任實)의 운암(雲巖)에 도착해 왜군을 대파하고 참획한 것이 많았다고 하였다. 상장(上將: 고경명)이 승전 소식을 듣고 크게 기뻐하여 말했다.

"양사진(梁士眞: 양대박), 양사진! 나에게는 양사진이 있으니 왜적이 비록 천만인들 나는 아무런 근심이 없으리로다."

● 7월

1일 무오。

상장(上將: 고경명)이 장사들과 함께 북쪽 행재소(行在所)를 바라보며 네 번 절하고 군대를 정돈하여 연산(連山)으로 향하였다.

2일 기미。
진군하여 진산(珍山)에 머물렀다.

3일 경신。

병사들에게 음식을 베풀어 위로하고 훈련시키자 장수와 병사들이 메아리처럼 응하는 자들이 또한 많으니, 군대의 위용이 더욱 성대하였다. 운암(雲巖)에서 전해온 승전 소식에 장수와 병사들의 기세가 날로 더욱 배가되었다.

○ 듣건대 대가(大駕)가 의주(義州)로 피난하고서 천조(天朝: 명나라)에 구원병을 청하였는데, 천조는 우리나라가 왜(倭)와 공모하여 반란을 꾀하는 것으로 의심하여 최세신(崔世臣)을 파견해 치달려 와서 형세를 탐지한다는 소식이었다. 상장(上將: 고경명)이 경우(慶遇)에게 말했다.

"자네의 부친이 이전에 말하기를, '우리나라가 왜(倭)의 사자(使者)를 베지 않으면, 중조(中朝: 명나라)는 우리가 왜적에게 길을 안내하는 것으로 의심할 것이다.'고 했는데, 지금 과연 그러하도다."

탄복하며 혀끝 차기를 마지않았다.

[협주]

당초에 중국인 진신(陳申)이란 자가 일본에서 돌아와 말했다.

"평수길(平秀吉: 풍신수길)이 장차 중국을 쳐들어오려 하는데 조선(朝鮮)을 선봉으로 삼을 것입니다."

　복건(福建) 사람인 허의후(許儀後)이란 자가 일본에 사로잡혀 있다가 돌아와서 말했다.

　"경인년(1590)에 유구(琉球)와 조선(朝鮮)이 왜(倭)에 조공을 바치러 오자, 수길(秀吉)이 말하기를, '내가 대명(大明: 명나라)을 치려고 하는데 유구와 조선을 선도(先導: 길잡이)로 삼으리라.'고 하였습니다. 신묘년(1591)에는 조선이 사신을 파견하여 왜(倭)에게 속히 거행하도록 독촉했습니다. 다음해에는 일본 백성들을 조선으로 이주시켜 농사짓게 함으로써 명나라를 공격하는 기지로 삼으려 하였습니다."

　유구국(流球國)이 사신을 상국(上國: 명나라)에 파견하여 보고하였지만 우리나라만 사신을 파견하지 않았으니, 중국 조정에서는 우리나라가 왜(倭)와 내통하면서 두 마음을 품은 것으로 의심하였다. 오직 각로(閣老) 허국(許國)만이 말했다.

　"조선은 지극정성으로 우리 대국(大國: 명나라)을 섬기고 있으니 결코 그렇지 않을 것이옵니다."

　우리가 성절사(聖節使) 김응남(金應南)을 보내 왜(倭)의 실정을 보고하기에 이르러서야, 허국(許國)이 공언한 대로 의심이 해소되었다.

　임진년(1592) 천조(天朝: 명나라)에 구원병을 청하자, 요동(遼東) 사람들 가운데 어떤 이가 전하였다.

　"조선이 왜(倭)와 공모하여 반란을 꾀하려고 거짓으로 왕을 꾸며서 인도하여 온다."

　이에 중국 조정에서는 최세신(崔世臣)·임세록(林世祿)을 평양(平壤)으로 달려가도록 파견하였는데, 국왕과 대면하기를 원하여 얼굴을 자세히 살피고 돌아갔다.

　대가(大駕)가 의주(義州)에 머무르며 병부상서(兵部尙書) 석성(石

星)에게 내부(內附: 귀순)하려 하면서 군사를 일으켜 구원해주기를
청하자, 조선 국왕의 얼굴을 자세히 본 적이 있다고 스스로 말했던
송국신(宋國臣)이란 자가 또 파견되었다가 돌아가서 참으로 진짜 왕
이라고 보고하였다.

심유경(沈惟敬)이 평양(平壤)에 도착하자, 평행장(平行長: 소서행
장)이 말했다.

"일본은 상국(上國: 명나라)과 소식을 통하고자 하였으나, 조선이
가로막고서 트집을 잡았소이다."

이에 다시 황응양(黃應暘)이 파견되어 조선의 실정을 살피자, 우리
는 비로소 그간 왜(倭)가 보내온 문서를 보여주니, 황응양이 말했다.

"상국(上國: 명나라)을 위해 대신 병화(兵禍)를 입게 되었으니 귀국
해서 석 상서(石上書: 석성)에게 말하겠다."

심히 명백하게 아뢰니, 중국 조정 신료들의 의심이 마침내 크게
풀렸다.

4일 신유。

듣건대 부친이 지난달 그믐부터 갑작스레 기이한 병에 걸려 전
주(全州)에 진을 치고 머물러 있다는 소식이었다. 부친이 경우(慶
遇)에 편지를 써서 일렀다.

"너는 아비 병 때문에 갑자기 오려 하지 말고 그대로 진중(陣中)
에 머물며 내가 갈 때까지 기다리는 것이 좋겠다."

○ 이날 저녁에 상장(上將: 고경명)이 경우(慶遇)에게 말했다.

"몇 년 전부터 천재지변이 거듭 일어났는데, 장성(長星)과 일식(日蝕)의 재변, 개미 떼가 싸우거나 강물이 붉어지는 변괴 등이 달마다 생기니, 우리나라의 병화(兵禍)가 참으로 운수에 관계되기는 하나 액운이 끊이지 않아 오랫동안 더욱 혹독할 것이라서 크게 우려스럽도다."

[협주]

무인년(1578)에는 장성(長星)이 하늘에 뻗친 것이 마치 하얀 비단 같았으며, 정해년(1587)에는 혜성(彗星)이 서북쪽으로 나타나 길이 40장(丈)이나 되었으며, 무자년(1588)에는 한강(漢江) 물이 붉기가 핏물 같았으며, 기축년(1589) 정월에는 초하룻날에는 일식(日蝕)이, 보름날에는 월식(月蝕)이 있었고, 사옹원(司饔院)의 밥 짓는 시루가 울어 소의 울음소리와 같았으며, 경인년(1590) 5월에는 금산(錦山) 등 우리 고을에 서리가 내렸고, 경성(京城)에 지진이 일어나 집이 흔들렸으며, 신묘년(1591)에는 경성(京城)의 서부에서 개미들이 싸워 머리가 잘렸고, 죽산(竹山)에서 돌이 저절로 일어섰고, 통진(通津)에서는 넘어졌던 버드나무가 다시 일어났고, 해주(海州)에서는 청어(靑魚)가 10년 전부터 아주 씨가 말랐다가 요해(遼海)로 가서 나타났고, 승냥이가 평양성(平壤城) 안으로 들어왔고, 대동강(大同江) 물이 붉게 흐려졌으며, 임진년(1592)에는 세성(歲星)이 미성(尾星)과 기성(箕星)을 지켰고, 궁궐 안의 작은 연못에 서린 무지개 같은 흰 기운이 바로 침전(寢殿)을 꿰뚫었고, 괴이한 새가 금원(禁苑)에서 울어 동서에 두루 감싸듯 하며 울음소리가 온 성안에 가득하다가 대가(大駕)가 서쪽으로 파천할 때에야 그쳤으며, 을미년(1595)에는 충주(忠州)에서 경강(京江)에 이르기까지 죽은 자라가 서로 이어졌고, 장연(長淵)과 홍천(洪川)에서 큰 돌이 절로 일어나서 옮겨가 섰고, 동대문(東大門) 밖에서 개구리와 물고기가 서로 싸워 머리가 잘리어 개울에 쌓였다.

5일 임술.

들건대 왜적이 금산(錦山)을 침범하였고 군수가 패하여 죽었다는 소식이었다.

○ 상장(上將: 고경명)이 격문(檄文)을 충청도 의병장(忠淸道義兵將) 제독(提督) 조헌(趙憲)에게 보내어 군사들을 합쳐서 왜적을 토벌하기로 약속하였다. 상장(上將)이 경우(慶遇)에게 말했다.

"조 제독(趙提督)이 몇 년 전에 상소하여 왜사(倭使) 베기를 청하였으니, 그 충성과 의리가 늠름하고 열렬한 것을 세상에 아는 사람이 없다하나 지금 만약 이러한 사람과 함께 왜적을 토벌하는 일을 같이한다면 그 다행스러움이야말로 무엇과 같을 수 있겠느냐?"

[협주]

조헌(趙憲)은 호는 중봉(重峯)으로 문과에 급제하였다. 신묘년(1591)에 상소하였는데, 왜사(倭使) 평조신(平調信)·현소(玄蘇)의 목 벨 것을 청하러 대궐에 나아가서 피가 나도록 머리를 조아렸다. 이때에 이르러서 고경명의 의병군이 금산(錦山)에서 패한 뒤, 조헌은 토의사(討義士) 한응성(韓應聖)에게 가서 의병을 이끌고 선봉이 되어 형강(荊

江)을 건너면서 노를 두들기며 서로 화답하였다. 조헌이 제봉(霽峯)을 그리워하며 지은 시는 이러하다.

형강에서 약속한 사람은 어디로 갔는가   荊江有約人何處
홀로 건널 때 가을바람을 견딜 수 없네.   不耐秋風獨渡時

진군하여 한응성(韓應聖)과 함께 금산(錦山)에서 순절하였다. 특별히 조헌에게 시호로 문열(文烈)을 내렸다.

6일 계해。

부친의 병환이 매우 위독하다는 소식을 듣고 빨리 집으로 돌아가 모시고 탕약을 달여들이고 싶지만, 군대의 일이 혼란스럽고 또한 군대를 버려두고 물러나기도 어려운 데다 부친의 편지에서 임금과 어버이는 일체라는 가르침을 받들어야 했기 때문에 밤낮으로 애태우며 말없이 하늘에 기도할 뿐이었다. 상장(上將: 고경명)이 경우(慶遇)에게 말했다.

"자네 부친의 병환이 매우 심하다고 하니 놀랍고 걱정해 마지않네만, 자네가 만약 집으로 돌아가 모시려 한다면 의병 진영의 장사들 또한 대부분 떠나가려 할 것이네. 이 또한 국가의 대사이니 떠나가서는 아니 되겠네."

그리고 즉시 류 학유(柳學諭: 류팽로)로 하여금 병세를 살피고 돌아오게 하였다.

7일 갑자。

상장(上將: 고경명)이 사졸(士卒)들을 나누어 경우(慶遇)로 하여금 진산(珍山)에 머물러 지키도록 하면서 모든 군량(軍糧) 등의 일을 다 나로 하여금 분변토록 하면서 말했다.

"진산은 우리의 본진(本鎭)으로 양식이 다 이곳에 있으니, 굳게 지키지 않을 수 없네."

○ 듣건대 왜적이 함경도(咸鏡道)로 쳐들어갔는데, 두 왕자가 적에게 사로잡혔다는 소식이었다. 상장(上將: 고경명)이 통곡하며 말했다.

"나랏일이 이 지경에 이르렀으니, 이것이 바로 임금이 욕되면 신하는 죽어야 할 때이로다. 나에게는 단지 한 번의 죽음만 있을지언정 임금의 은혜에 보답할 뿐이다."

[협주]

청정(淸正: 가등청정)이 북도(北道: 함경도)로 쳐들어갔는데, 두 왕자 임해군(臨海君)과 순화군(順和君)이 적의 수중에 들어갔고, 종신(從臣: 侍臣) 김귀영(金貴榮)·황정욱(黃廷彧)·황혁(黃赫), 감사(監司) 류영립(柳永立), 북병사(北兵使) 한극함(韓克諴) 등이 모두 포로가 되었다. 청정(淸正)이 직접 그들의 포박을 풀어주고 진중(陣中)에 가두어 두었다.

8일 을축.

경우(慶遇)는 병사 1천여 명을 거느리고 진산(珍山)에 머물러 주둔하고 있으면서 의병의 무기 및 군량과 군수물자를 일일이 소속 부대로 나누어 조달하였는데, 비축해 둔 군량은 600여 포대이었다.

9일 병인.

듣건대 상장(上將: 고경명)이 금산(錦山)에 이르러 방어사(防禦使) 곽영(郭嶸)과 군사를 합쳐서 나아가 왜적을 공격하였는데, 토성(土城)에서 적의 기세가 크게 꺾였다고 하였다.

10일 정묘.

경우(慶遇)가 진산(珍山)에 있는데, 듣자니 의병이 대패했다고 하였다. 출병하여 금산(錦山)으로 구하러 가서 대장을 영접하려는 길에 학유(學諭) 고인후(高因厚)를 만나 힘을 합하여 적진에 달려갔다. 또 가노(家奴) 일운(一雲)을 만나서 부친이 7일에 세상을 떠났다는 소식을 듣고 즉시 거느렸던 의병을 고인후에게 주고는 통곡하며 고향으로 돌아왔다.

[협주]

7월 7일에 선생(先生: 양대박)이 세상을 떠나서 일운(一雲)이 부음(訃音)을 전하고자 하였는데, 당시 왜적들에 의해 길이 막혀 낮에는 숨고 밤에만 가야 해서 9일 저녁이 되어서야 비로소 금산(錦山)의 의병부대

에 도착하였다. 장수와 병사들이 선생의 부음을 듣고 목을 놓아 통곡
하였는데, 다음날 의병은 대패하였고 제봉공(霽峯公: 고경명)·류팽
로(柳彭老)·안영(安瑛)도 모두 죽었다. 일운(一雲)은 제호공(霽湖
公: 양 경우)이 진산(珍山)에 있다는 말을 듣고 즉시 찾아가는 길에
제호공을 만나 부음을 전하였다. 제호공은 휘하의 병사들을 학봉(鶴
峯: 고인후)에게 주고 통곡하며 집으로 돌아왔고, 고인후는 병사들을
받아서 적에게 달려가 싸우다 죽었다.

부록

양공전
梁公傳

정탁(鄭琢, 1526~1605)

　양공(梁公)은 전라도 남원 사람으로 시로써 세상에 알려졌다. 재주를 자부하고 절로 호걸스러워 논변하는 것이 우뚝하니, 당대에 모두 흠모하여 교제를 맺었다. 고향 마을에서 자기의 재물을 덜어 남의 급한 사정을 돌보아주었다. 더욱이 한 번 약속한 것을 중히 여기고 기개와 절조를 숭상하였으니, 한 마디의 말을 하면 사람들이 마음에서 우러나와 따랐다.

　공(公)의 집안은 예로부터 재산이 풍족하였다. 임진년(1592) 여름 4월 왜적이 동래(東萊)를 함락하고 승승장구하며 영남과 호남을 분탕질하는데도 감히 막아내는 자가 없었으니, 공이 못마땅하게 여기고 탄식하여 말했다.

　"대장부가 공업을 세워 명성을 만세토록 드리우지 못할지언정 그대로 마땅히 작으나마 계책을 세워 임금의 원수를 대적하고자 해야 한다."

　이에, 그 재산을 전부 뿌려서 호걸스러운 선비들과 사귀어 어울리며 약속을 하였으니, 서로 더불어 있는 힘을 다하여 왜구를 방어하자는 것이었다. 손수 격문을 지어서 여러 고을의 수령 및 선비와 백성들에게 파발을 보내고는 스스로 군사를 일으켜 장수가 되고자 하다가 이윽고 탄식하였다.

"지금 나랏일이 이미 틀려버렸고 인심은 의심하고 두려워하고 있는 때이니, 죽음까지도 함께할 수 있는 벗들에게 의지하지 않으면 거사를 이룰 수 없다."

즉시 편지를 보내어 고경명에게 담양(潭陽)의 사장(射場)에서 모이기로 청해 출병할 기일을 정하였다.

이로부터 공(公)은 불러 타이르는 것을 자신의 임무로 삼고, 만일 한 명의 병사라도 관적(官籍)에 빠져 있으면 몸소 가서 의리로 권유하였다. 이에 여러 고을의 선비들이 점점 서로 응하였으며, 그 밖의 장정 중에 활을 잡고 칼을 잡을 수 있는 자들이 1천여 명이나 되었다. 또한 아들 2명과 가동(家僮) 100여 명을 동원하여 대오(隊伍)에 편입시키고 기계와 군량은 모두 개인적으로 마련하였다. 날마다 소를 잡아 병사들에게 먹이고 피를 입가에 바르며 맹세하였다.

"이 왜적들을 제거하지 못한다면 살아서 무엇 하겠는가?"

출병하는 날이 되자, 글을 지어 사당에 고하고 통곡하면서 하직 인사를 하였으며, 집안사람들과 작별하면서도 끝내 집안일에 대해서 한마디도 하지 않았다. 드디어 담양(潭陽)으로 가니 고공(高公: 고경명)이 과연 와 있었다. 공(公)이 여러 사람들과 의논하여 말했다.

"일찌감치 대장을 세우지 않으면 인심을 진정시킬 수가 없다."

그리하여 고공(高公)을 맹주(盟主)로 삼았다.

6월 7일 군대를 정돈한 뒤 8일에 떠났다. 전주(全州)에 이르러 머무르게 되자, 원근에서 모병에 응한 자들이 10명, 100명으로 무리를 지어 도로에 나와서 마중하였는데 무리가 3천여 명에 이르렀다.

공(公)이 그간 의병을 불러 모으느라 폭염을 무릅쓰고 굶주림을 참은 지가 거의 한 달이 되었다. 완산(完山)에 도착하자 피로와 초췌함으로 병이 나고야 말았다. 임종 직전에 간곡하게 말하는 것이 마치 잠꼬대를 하듯이 했는데, 오직 왜적을 토벌하는 한 가지 일뿐이었다고 한다.

오호라! 이 땅의 곡식을 먹고 사는 자들이 누군들 임금의 신하가 아니랴만, 머리를 움켜쥐고 쥐같이 달아나며 모두가 구차히 살려고 했지만 공(公)만이 만 번 죽더라도 개의치 않을 계책을 내고서 마음속 깊이 사무쳐 먼저 한 일로 의병을 규합하여 왕실의 고난을 막아내고자 하였으니, 거세게 흘러내리는 물줄기 속에 우뚝 솟아 있는 지주석(砥柱石)이라 할 만하였다. 비록 군대를 내어 승첩을 못 거둔 채 그 몸이 먼저 죽어서 한때의 경영이었지만 족히 여러 방면의 왜적으로 하여금 갑옷을 말아 올리고 숨거나 달아나도록 하였으니, 양호(兩湖: 호서와 호남)의 땅이 적과 맞서 싸우고도 온전히 보전될 수 있었다. 무릇 우리의 군대와 나라가 필요한 물자, 싸우고 지키고 하는데 필요한 군량은 어느 하나 전라도란 한 도(道)에 의지하지 않음이 없어서 크게는 나라 회복의 근본 터전이 되었던 것이니, 털끝만한 것도 공(公)의 힘이었다. 공로가 이와 같은데도 관가에서 구제하여 주지도 않고 사람들도 알아주지 않아서 명성은 날로 덧없이 사라져 없어질 것이니, 이는 슬퍼할 만하다.

공(公)의 이름은 대박(大樸), 자는 사진(士眞)이다. 젊었을 때는 자호(自號)를 송암(松巖)이라 했지만, 만년에는 청계(靑溪)의 수석(水石)을 좋아하여 그곳에 별장을 짓고 지내면서 호를 청계도인(靑溪道人)이라 하였다고 한다.

대광보국숭록대부 의정부우의정 겸 영경연 감춘추관사

정탁 쓰다

양대박의 창의사적
梁大樸倡義事蹟

정탁(鄭琢, 1526~1605)

임진년(1592) 4월 14일 왜적이 부산(釜山)과 동래(東萊)를 함락하고 승승장구하자, 영남·호서·경기 지역은 이미 텅 빈 형편이었다. 영남의 여러 장수들은 산속으로 들어가 굴속에 숨어버렸는데, 왜적의 침입이라는 놀라운 소식이 호남에 전해졌으나 공격하여 싸우거나 막아서 지키려는 계책이 없었다. 호남 사람들도 늑대마냥 돌아보며 다리를 떨 듯 두려워서 또한 힘으로 먼저 대응하려는 엄두를 감히 내지 못하고 산속에 올라 떠돌며 왜적의 예봉(銳鋒)을 미리 피하느라, 마을들이 적막하고 밥 짓는 불이 이미 사라졌다.

이때 양대박(梁大樸, 협주: 남원 사람으로 시를 잘하여 명성이 대단하였다.)이 사사로이 그의 자식들에게 말했다.

"내가 의병을 규합하여 죽음으로써 나라에 보답하고자 하나, 단지 나 자신에게 재주와 세력이 없어서 멀고 가까운 곳에서도 호응하지 않을까 걱정이다."

비밀로 하고 발설하지 않은 지 며칠이 되었다. 5월 7일 왜적이 도성에 들어갔다는 소식을 듣고, 그 다음날 교서(教書)를 얻었다.

양대박이 교서를 읽다가 '내가 마땅히 직접 전쟁에 참여하여 한번 죽기를 결단하고 싸우리라.'고 한 대목에 이르러서는 마침내 통곡하며 먹지 않고 비로소 거사하기로 결심하였다.

곧바로 친구 양희적(楊希迪)과 류팽로(柳彭老)에게 편지를 보내어 맞이해 자신의 계획을 울며 알렸는데 의로운 기개가 격렬하였으니, 두 사람이 그의 말을 듣자마자 합세하여 마침내 결의하였다. 5월 9일 남원 관아를 찾아가 고을 수령 윤안성(尹安性)을 만나서 고하였다.

"우리는 이러이러한 일을 하고자 하오이다."

윤안성이 경악하고 정색하여 말했다.

"그대가 만약 이곳에서 거사를 하겠다면, 내 마땅히 힘이 되어 주리이다."

10일 격문(檄文)을 지어서 여러 고을의 수령 및 선비와 백성들에게 파발을 보내고는 스스로 군사를 일으켜 장수가 되고자 하다가 이윽고 탄식하였다.

"지금 나랏일이 이미 틀려버렸고 민심은 의심하고 두려워하고 있는 때이니, 명문가의 후예들에게 의지하지 않으면 거사를 이룰 수 없다."

즉시 편지를 고경명(高敬命)·김천일(金千鎰)에게 보내어 5월 29일을 만날 날짜로 하며 담양(潭陽)의 사장(射場)에서 함께 모이기로 약속을 정하자고 알렸다. 이에 두 사람이 편지를 받고서 모두 응하여 각기 답서를 보냈으니, 이러하다.

"마땅히 기일이 되면 모이겠네."

이때 병사(兵使: 전라병사) 최원(崔遠)이 남원 고을에 있었는데, 양대박이 그 격문을 가지고 〈의병을 모집하며〉 의리로써 감동시키자, 최 병사 또한 격문을 받들고 울었다. 그리하여 비록 군관(軍官)과 아병(牙兵: 장수 휘하의 직속 군사) 등의 군사일지라도 의병에 나아가기를 자원하였다. 이로부터 양대박은 불러 타이르는 것을 자신의 임무로 삼았으니, 만일 한 명의 백성이라도 관적(官籍)에 빠져 있으면 몸소 먼저 가서 의리로 권유하고 이익으로 설득하며 험하고 외딴 마을까지 가지 않은 곳이 없었다. 의병이라는 칭호를 백성들이 애초에 알지 못하는 것도 모두 해석하여 가르쳐주려고 노심초사 있는 힘을 다하느라 밤낮을 구분하지 않았으니, 동복(僮僕: 말구종 드는 하인)으로 하여금 밥을 싸가지고 따르게 하여 말 위에서 먹었다.

이에 여러 고을의 선비들이 점점 서로 응하였으며, 그 밖의 장정 중에 활을 잡고 칼을 잡을 수 있는 자들이 100여 명이나 되었다. 또한 아들 2명과 가동(家僮) 50여 명을 동원하여 대오(隊伍)에 편입시키고 기계와 군량은 모두 개인적으로 마련하였다. 온 집안의 재산을 모두 없앴지만 조금도 아깝게 여기는 마음이 없이 날마다 소를 잡아 병사들에게 먹이고 피를 입가에 바르며 맹세하였다.

"이 왜적들을 제거하지 못한다면, 비록 죽을망정 발길을 돌리지 않겠다."

온 집안이 눈물을 흘렸으며, 사방의 이웃 고을에서도 이 소식을 듣고는 머리카락이 곤두섰다.

29일이 되어 모집한 병사를 거느리고 모이기로 한 담양(潭陽)에 당도하자, 많은 병사들이 구름처럼 모여들었으니 노소를 막론하고 모두 모였다. 고경명(高敬命)은 광주(光州)에서 왔고 김천일(金千鎰)은 병으로 오지 못했는데, 양대박이 즉시 여러 사람들과 의논하여 말했다.

"일찌감치 대장을 세우지 않으면 인심을 진정시킬 수가 없소이다. 지금 고공(高公: 고경명)을 맹주로 삼고, 제가 막부(幕府)에서 계책을 돕는다면 일을 이룰 수 있을 것이외다."

여러 사람들이 모두 "좋다."고 응답하였다. 마침내 단(壇)을 설치하고 장수를 임명하는 예를 거행하니, 고경명이 사양하지 못하였다. 이날 무리 중에서 따르기를 원하는 자가 또한 300여 명이나 되었다. 여러 사람들이 또 말했다.

"김 부사(金府使: 김천일)가 비록 병으로 사양했지만 행군하는 날에 굳이 청하면 마땅히 올 것이니, 한 방면에 배속할 수도 있을 것입니다."

그제야 김 부사를 위장(衛將)에 임명하였다. 또 양대박과 류팽로(柳彭老)를 막좌(幕佐)로 삼았고 양희적(楊希迪)을 운량장(運糧將)으로 삼았다. 그 나머지 선비들에게는 각기 여러 임무를 나누어 관장하도록 하였다. 다시 6월 6일을 출병하는 기일로 삼고는 양대박이 집에 돌아왔다. 온 집안 식구가 반대하고 친구들도 그만두게 하면서 자신의 몸을 온전히 하고 처자를 보전하여 편안하게 지낼 계책으로 삼자고 했지만, 양대박은 귀를 막고 들으려 하지 않았다.

출병하는 날이 되자, 글을 지어 사당에 고하고 통곡하면서 하직 인사를 하였으며, 집안사람들과 작별하면서도 끝내 집안일에 대해서 한마디도 하지 않았다. 드디어 담양(潭陽)으로 가니, 여러 사람들이 약속한 대로 모두 모였다. 김천일(金千鎰)이 사사로이 500명의 병사를 모집하고 스스로 장수가 되어 그저께 출병했다는 말을 듣고, 군사들은 모두 김천일이 이견(異見)이 있는 것으로 의심하였다. 7일 군대를 정돈하여 8일에 떠났다. 장성(長城)·정읍(井邑)·태인(泰仁)·금구(金溝) 등의 고을을 지나 전주부(全州府)에 이르게 되자 원근에서 모병에 응한 자들이 10명, 100명으로 무리를 지어 도로에 나와서 마중하였는데, 완산(完山)에 이르니 의병이 1,500명을 헤아렸다.

양대박은 그간 근심하고 수고하였는데, 굶주림을 참고 폭염을 무릅쓰며 황급하게 바삐 뛰어다닌 지가 거의 한 달이 되었다. 완산(完山)에 도착하자 피로와 초췌함으로 병이 나고야 말았다. 인하여 피를 토하고 설사를 하더니 며칠 사이에 점점 위독해져서 이미 어떻게 할 수 없게 되었다. 부윤(府尹: 전주부윤) 권수(權燧)가 의원을 보내어 치료하도록 했지만 끝내 효험이 없었다.

양대박은 목숨이 위독한 지경에 있으면서도 때때로 거듭 소리를 내어 말했다.

"병든 몸으로 종군하다가 죽어서 의로운 혼백이 되면 족하리로다."

고경명(高敬命)이 마음을 굳게 먹고 말했다.

"자네가 꺼려서 만약 선뜻 치료할 수 없게 된다면, 대사가 어그러져 어떻게 해볼 수도 없게 되네. 집에 돌아가서 몸조리하고 중도에 뒤따라오는 것이 좋겠네."

그리고는 군졸 대여섯 명으로 하여금 가마를 메게 하고 돌아가도록 하였다. 양대박이 아들 양경우(梁慶遇)에게 가동(家僮)들을 이끌어가서 여러 진영에 넘겨주게 하고는 이윽고 돌아왔다.

마침내 청계정사(靑溪精舍)에서 숨이 넘어갈 듯 말 듯했는데 간곡하게 말하는 것이 마치 잠꼬대를 하듯 모두 왜적을 토벌하는 일 뿐이었고, 임종 직전에도 또한 "왜적을 토벌하라, 왜적을 토벌하라."고 하면서 죽었다.

고경명이 의병을 이끌고 곧바로 한양으로 향했는데, 은진(恩津)에 이르러 왜적이 금산(錦山)에 쳐들어갔다는 소식을 듣고 은진에서 진산(珍山)으로 들어갔다. 7월 9일에 크게 싸웠는데, 군사들이 패하여 돌아오지 못하게 되자 류팽로와 안영(安瑛)이 구하려다가 또한 따라서 죽었다. 날짜를 계산하니 바로 양대박이 죽은 지 3일 뒤였다.

상소 의초[*]
擬上疏草

양경우(梁慶遇, 1568~?)

삼가 생각건대 나라가 전쟁을 겪을 때에는 의병이야 예사로운 일이 되어 진실로 그것을 다 셀 수가 없사옵니다. 그러하오나 바야흐로 적을 물리치지 못하여 나라의 형세가 아직 위태로웠을 때, 비록 어리석은 사내와 어리석은 부녀들이라도 모두 적을 토벌하는 의리와 윗사람을 위해 목숨 바치는 도리를 알아서 한 가닥 인륜의 도리가 힘입어 끊어지지 않는 것은 의병의 힘이옵니다. 이름이 의병 명부에 오르고 왜적의 머리 1급(級)을 베어 온 공이 있는 사람이면 비록 하급병사일지라도 모두 이미 포상(褒賞)의 은전을 받았으니, 이는 진실로 나라에서 충의를 장려하는 도리였을 것이옵니다.

하물며 임진왜란 초기에 저 왜적들이 하늘을 뒤덮고 땅을 휩쓸자, 우리 백성들이 두려워 겁을 먹고 도망하여 무너졌사오니 그 형세가 어떠하였겠사옵니까? 그런데도 맨 먼저 의병을 일으키기로

---

[*] 追注(추주): 廢朝(폐조: 광해군) 때에 공도가 행해지지 않아서 상소문만 짓고 올리지는 않았다.

주도한 것은 한 사람으로부터 시작되었으니, 자기 몸이 죽는 것을 보는 것은 마치 헌신짝 버리듯이 하는 자가 할 수 있을 만한 것일 뿐만이 아니었을 것이옵니다. 신분이 필부(匹夫: 서얼)이었고 직분이 나라에 매이지 않았지만 왜적과 싸우려는 것에 마음과 힘을 다하면서 스스로 틀림없이 죽을 것임을 분수로 여겼사옵니다. 나라를 위한 그의 성의가 실로 슬프고 가련한데도 성상께서 알지 못하시어 은전이 미치지 않았으니, 신(臣)은 삼가 원통하옵니다.

신(臣)의 부친 아무 관직 아무개는 평생 동안 신의(信義)를 자부하였으니, 재산을 털어서 남의 위급한 일을 도우러 달려간 것은 바로 평소에 세워놓았던 것이었사옵니다. 갑자기 왜적이 바다를 건너 부산(釜山)에 들어오자 허둥대며 걱정하고 슬퍼하였사옵니다. 왜적이 조령(鳥嶺)을 지났다는 소식을 듣게 되자 마침내 밥을 먹지 않고 미음만 마셨으며, 도성(都城)을 지키지 못하여 대가(大駕)가 서쪽으로 피난 갔다는 소식을 듣기에 이르자 하늘을 우러러 부르짖으며 통곡하니 밤낮으로 통곡소리가 끊이지 않았사옵니다. 통곡할 때마다 큰칼을 뽑아 나무나 돌을 내리치니, 나무나 돌이 그로 말미암아 갈라졌사옵니다. 이러기를 대여섯 날 동안 하다가 마침내 의병을 일으킬 계획을 결심하였사옵니다.

당시 여러 고을의 선비들과 백성들이 숲속으로 들어가 바위구멍에 숨어버려서 수백 리 사이에 다시는 인가의 연기가 나지 않았사옵니다. 부친이 곧 몸소 궁벽지고 깊숙한 곳에 숨어 있는 사람들을 찾아내어 의리로써 감동시키고 이익으로 권유하니, 여러 백성들은 애초에 의병이라는 칭호를 알지 못했으나 언문(諺文)으로 알기 쉽게 풀이해 써주어서 서로 전하여 알리도록 시킬 수 있었습니다. 그가 산골짜기를 드나들 때에 노복(奴僕)으로 하여금 밥을 싸가지고 따르게 하여 허기가 심해지면 말 위에서 먹었습니다. 그러기를 한 달 남짓 동안 장정과 병사들 가운데 소문을 듣고서 찾아온 사람은 겨우 100여 명이었고, 여러 백성들 가운데 응한 사람도 또한 수백 명이었사옵니다. 날마다 소를 때려잡아서 그들을 먹이고 위로하였는데, 한 달 남짓 사이에 소를 잡은 것이 40여 마리에 이르렀습니다. 활과 화살, 검과 갑옷은 모두 개인의 물력(物力)으로 주조하여 땅에 언덕처럼 쌓아둔 것이 여러 곳이었는데, 집안의 자산을 탕진하였으나 염려한 적이 없었사옵니다.

장차 그 무리들을 이끌고 바닷길을 통해 의주(義州)로 달려가 적을 막으며 행궁(行宮: 행재소)을 지키고자 하였는데, 계책을 지닌 자가 말했사옵니다.

"호남은 충의의 본거지로 만약 한 장의 격문을 써서 먼 것이고 가까운 곳이고 두루 알리면 호응하는 자가 틀림없이 많을 것입니다. 혹여 1천 명에 이르거나 1만 명에 이르러서 왜적과 상대하는데 마음과 힘을 다하여 다행히 하나의 견고한 전투에서 이긴다면 임금님의 수치를 조금이나마 씻을 수 있을 것이거늘, 어찌 굳이 얼마 안 되는 병사로써 경솔히 출발하려 하십니까?"

부친은 이에 격문을 도내(道內)에 전했는데, 그 격문은 이러하였습니다.

"나라가 성과 해자를 수축하고 군사를 양성한 지 200년이었거늘, 해구(海寇: 왜적)가 큰 바다를 넘어 한강(漢江)까지 건너는 데에 겨우 17일만 걸렸다. 사람들이 쉬 흩어져 도망치려는 마음만 품고 실로 윗사람을 위해 목숨을 바치는 대의에는 어둡도다. 왕께서는 '과인이 부덕하다.'고 자신을 탓하시는 애달픈 말씀을 자주 내리셨으니, 우리 백성들이 어찌 살려고 할 수 있을 것이며 이 왜적은 결코 잊어서는 안 될 것이로다."

이는 그 격문 가운데 있었던 한두 마디의 말이옵니다. 그 격문에다 스스로 쓴 것이 "중원을 회복하려던 조적(祖逖)의 뜻은 중원을 평정할 수 있었고, 안녹산을 토벌한 안진경(顔眞卿)의 이름은 천자가 알지도 못했다."고 하였으니, 말뜻의 격렬함과 절실함이 이와 같아서 읽는 사람이면 눈물을 훔쳤사옵니다.

약속 기일에 맞춰 담양부(潭陽府)에 모여든 자가 수천 명이었습니다. 부친은 고경명(高敬命)과 평소 사이가 좋아 즉시 그 자리서 의병장으로 삼아 무리의 마음을 진정시키고, 스스로 참모가 되어 의병군에 관한 일을 전담하여 처리하였습니다. 6월 담양(潭陽)에서 의병군이 출동하여 전주(全州)에 이르렀는데, 부친이 그만 병이 나서 붉은 피를 쏟았는데 날마다 몇 사발이나 되었사옵니다. 의원이 말하기를, "근심과 노고가 마음을 상하고 서리와 이슬이 몸을 침범하여 쌓인 것이 극에 달해서 도졌으니 필시 치료하기 어렵습니다."고 하였는데, 마침내 숨결이 헐떡이다가 멎었사옵니다. 임종 직전에 간곡하게 말하는 것이 마치 잠꼬대를 하듯이 했는데, 모두 왜적을 토벌하는 한 가지 일뿐이었사옵니다. 고경명도 싸우다가 패하여 금산(錦山)에서 죽었고 그를 따라 죽은 몇 사람은 지금 모두 벼슬을 주거나 높여서 우대하고 포상하였으나, 유독 신(臣)의 부친만은 거기에 함께하지 못했사옵니다.

아, 싸움터에서 죽는 것은 참으로 의(義)이옵니다. 그러하온데 의병을 맨 먼저 일으키려 몸이 여위도록 심신을 애쓰다가 병이 들어 군대를 출동시키고 죽은 것은 유독 의(義)가 될 수 없사옵니까? 의당 의병을 모집하느라 허둥지둥 뛰어다닐 적에 어떤 사람이 부친에게 말했사옵니다.

"우리 군대와 왜적은 군사력과 병력수가 저처럼 서로 현격하니, 만일 그들의 칼날을 범하기라도 하면 죽음만이 있소이다. 당신은 나라로부터 높은 벼슬이나 후한 녹봉을 받은 은전이 없는데, 어찌하여 유독 반드시 죽음에 이른 이후에야 그만두려는 것이오?"

이에 부친이 말했사옵니다.

"옛사람 중에는 대대로 내려온 집안의 원수를 갚은 사람이 있으니 장량(張良)이 그러하며, 낮은 벼슬아치로서 나라를 위해 죽은 사람이 있으니 고점리(高漸離)가 그러하오이다. 나의 선조가 나라의 은택을 받는 것이 어찌 5대에서 그칠 것이며, 심지어 내 자신도 또한 일찍이 문예(文藝)라는 하찮은 기예로 임금의 녹을 먹은 자인데 어찌 영관(伶官: 악관을 뜻하는데, 筑을 잘 연주한 고점리를 가리킴)보다 못하겠소이까?"

말한 사람은 아무 대답이 없었사옵니다.

신(臣)의 부친이 만일 우연히 따라갔다가 의병군이 싸우다 패하여 창졸간에 죽었다면 응당 가운의 불행으로 돌렸을 것이오나, 신(臣)은 돌아가신 부친의 마음이 군부(君父)를 생각하고 나라를 걱정하는 데에 돈독하였음을 분명히 알고 있사옵니다. 몸을 바쳐 한 번 죽은 것은 결단코 요행을 바라는 뜻이 없었는데 명예마저 몸을 따라 사라져서 저절로 아무 일컫는 바가 없으니, 이런 생각이 날 때마다 오정(五情: 喜怒哀欲怨)을 가눌 수가 없사옵니다.

당시 우리 전라도 병사(兵使) 최원(崔遠)과 우리 남원(南原) 고을의 부사(府使) 윤안성(尹安性)은 부친이 자신을 잊고서 나라 위하는 것을 보고 더욱 더 탄복하였습니다. 군사와 백성들로서 의병에 나아가기를 원하는 자가 비록 관적(官籍)에 올라 있을지라도 반드시 그들을 추천해주어서 의병의 기세를 돋우었사옵니다. 처음부터 끝까지 그 사정과 형편을 훤히 알지 못하는 것이 없었기 때문에 윤안성(尹安性)은 신(臣)을 만날 때마다 반드시 한숨을 쉬며 탄식하여 말했사옵니다.

"자네 부친의 일은 민멸할 수가 없고 민멸되어서는 안 되네."

최원(崔遠)은 비록 이미 죽었으나 윤안성(尹安性)은 아직 살아있으니, 신(臣)의 이 소장(疏章)을 내려 보내어 물어보사이다. 만일 이 소장에 실오라기만큼이라도 부풀린 찬사가 있다면, 신(臣)은 하늘을 속인 죄를 받더라도 감히 사양하지 않겠사옵니다.

부친이 죽은 뒤, 호남의 유생들이 선친(先親)을 포상하고 추증하는 일로 올린 상소가 해조(該曹)에 내려졌으나, 끝내 중지되어 행해지지 않았사옵니다. 전하께서 동궁(東宮)으로 계시며 전주(全州)에 출정하셨을 때, 전주의 사람들이 선친과 이정란(李廷鸞)의 일로 수레 앞에서 호소하였사옵니다. 전하께 호소하고 장달(狀達)한 바에 따라서 당시 대조(大朝: 宣祖가 머문 의주의 행재소(行在所))에서 이정란에게 품계를 올려주었으나 신(臣)의 부친은 끝내 추증을 받지 못했으니, 이는 신(臣)이 원통해 하는 까닭이옵니다.

을미년(1595) 즈음에 전라도사(全羅都事) 성진선(成晉善)이 공명고신(空名告身: 임명되는 자의 이름을 비워둔 채 발행한 임명장)으로 곡식을 모을 때, 신(臣)은 선친을 위하여 쌀을 들이고 3품 증직을 얻었으니, 나라를 위해 죽은 것이 도리어 군량 10여 석을 보충하는 것만 못한 것이옵니까? 비록 죽은 사람이야 이것을 생각하지 않겠지만, 그 자식이 된 자로서는 어찌 성상(聖上)께 호소하지 않을 수 있겠사옵니까?

엎드려 바라옵건대 성상께서 특별히 한 장의 증직서(贈職書)를 내리시어 구천(九泉) 아래에 있는 부친을 위로함으로써 후세의 충신(忠臣)과 의사(義士)들을 권면할 수 있으면 매우 다행이겠사옵니다.

|원문과 주석|
梁大樸 倡義 從軍日記

從軍日記 上

家男慶遇撰

萬曆二十年壬辰

● 四月

十七日丙午。

有人自府中[1]來, 傳倭警[2], 而今月十五日陷東萊[3], 賊兵號五十萬, 三道入寇云。【本月十三日倭犯境, 大將百五十名, 戰馬五萬匹, 而海西道九國爲先鋒, 南海六國·山陽八國應之, 到我界, 焚舟破釜, 軍令嚴刻[4]。十四日陷釜山, 僉使鄭撥[5]死, 多大[6]僉使尹興信[7]力戰死。左水使朴泓[8]棄城逃, 左兵使李珏[9]怡惻失守。十

1　府中(부중): 전라북도 南原府를 가리킴.

2　倭警(왜경): 왜란을 달리 일컬은 말.

3　東萊(동래): 경상남도 남동부에 위치한 고을.

4　嚴刻(엄각): 엄하고 혹독함.

5　鄭撥(정발, 1553~1592): 본관은 慶州, 자는 子固, 호는 白雲. 1579년 무과에 급제, 선전관이 되고, 곧바로 해남현감·거제현령이 되었다. 이어 비변사의 낭관이 되었으며, 위원군수·훈련원부정이 되었다. 1592년 折衝將軍의 품계에 올라 부산진 첨절제사가 되어 방비에 힘썼다. 이해 4월에 임진왜란이 일어나 부산에 상륙한 왜병을 맞아 분전하였으나 중과부적으로 마침내 성이 함락되고 그도 전사하였다. 이때 첩 愛香은 자결하였고, 노비 龍月도 전사하였다.

6　多大(다대): 多大浦. 부산광역시 사하구에 있는 항구.

7　尹興信(윤흥신, ?~1592): 본관은 坡平. 尹任의 아들. 1582년 진천현감에 이르

五日陷東萊, 府使宋象賢[10]抗賊死.】

十八日丁未。

家親裁書于本府主倅尹安性[11], 以探賊奇, 回報如昨。家親邉

렀으나 문자를 해득하지 못한다고 하여 파직되었다. 그 뒤 외직으로 전출되어 1592년 다대진 첨절제사에 부임하였는데, 때마침 임진왜란이 일어나 변방 수령으로서 앞서서 왜군과 싸우다 동생 尹興梯와 함께 전사하였다.

8 朴泓(박홍, 1534~1593): 본관은 蔚山, 자는 淸源. 1556년 무과에 급제하여 宣傳官·江界府判官·鍾城府使 등을 거쳐 임진왜란 때 경상좌도 水軍節度使로서, 左水營(동래)에서 적과 싸웠으나 중과부적으로 패하였다. 평양으로 피난간 선조를 찾아가던 중에 도원수 金命元을 만나 左衛大將에 임명되어, 임진강을 방어하나 다시 패하였다. 成川에서 우위대장·義勇都大將이 되었다가, 이듬해 전사하였다.

9 李珏(이각, ?~1592): 본관은 咸平. 임진왜란 때 경상좌도 병마절도사로 울산 북방의 병영에 주둔하였다가 부산전투와 동래전투에서 지키지 않고 달아났는데 廣州전투에서도 달아나 도원수 金命元에 의해 패전의 책임을 물어 참수되었다.

10 宋象賢(송상현, 1551~1592): 본관은 礪山, 자는 德求, 호는 泉谷·寒泉. 1570년 진사에, 1576년 別試文科에 급제하여 鏡城判官 등을 지냈다. 1584년 宗系辨誣使의 質正官으로 명나라에 다녀왔다. 귀국 뒤 호조·예조·공조의 正郎 등을 거쳐 東萊府使가 되었다. 임진왜란이 일어나 왜적이 동래성에 쳐들어와 항전했으나 함락되게 되자 朝服을 갈아입고 단정히 앉은 채 적병에게 살해되었다. 충절에 탄복한 敵將은 詩를 지어 제사지내 주었다.

11 尹安性(윤안성, 1542~1615): 본관은 坡平, 자는 季初, 호는 宜觀. 1572년 별시문과에 병과로 급제하여, 南原府使였을 때 임진왜란이 일어나 난민이 官倉을 부수고 약탈과 살육을 자행하자 단신으로 말을 달려 수십 명을 죽여 난을 진압시키고 남원을 사수할 계획을 세웠으나, 巡檢使 金命元의 종사관이 되어 용인에 진을 쳤다. 그러나 밤중에 순검사 등이 도망하자 남원에 돌아와서 전심전력을 다하여 흩어진 군졸을 모아 왜적과 싸웠다. 그 뒤 안동 판관을 거쳐 숙천 부사를 역임하고, 또다시 전주 부사로 전직되어 금산에 침입하여온 적군을 막

遑眒憂痛, 終夜不寐, 坐以待朝。

十九日戊申。

家親聞鷄秣騎, 往見主倅, 勸其發令調兵, 以爲國家緩急用。

二十日己酉。

見主倅書, 卽梁山[12]連陷之報。家親早促飯, 入府見主倅, 曰: "倭奴, 通和二百年, 凡三入寇, 輒不利退, 今又來寇。此必畠山細川諸酋, 皆率服秀吉[13], 傾國而來, 在我防守之策, 倍棘於前, 本府爲湖嶺要衝, 南方保障, 不可虛棄使賊直擣, 莫如點軍守城爲扞禦計。" 主倅從其言。【倭, 地方數千里國, <u>島五十</u>[14], 統八道[15], 凡六十六州。周平王[16]時, 始祖俠野, 自號天皇, 建都山城州。

지 못하고 전주의 官庫를 소각하여 많은 미곡을 소실시켰다는 죄로 파직 당하였다.

12　梁山(양산): 경상남도 동북부에 있는 고을.

13　秀吉(수길): 豐臣秀吉(도요토미 히데요시, 1536~1598). 일본 전국시대 최후의 최고 권력자. 밑바닥에서 시작해서 오다 노부나가에게 중용되어 그의 사후 전국시대의 일본을 통일시키고 關白과 天下人의 지위에 올랐다. 전국시대를 평정한 그는 조선을 침공해 임진왜란을 일으켰으나 실패하였다.

14　島五十(도오십):《新唐書》〈東夷傳 · 日本〉의 "좌우에 작은 섬이 50개 남짓 있는데 모두 스스로 나라라고 이름하여 그에게 신하로서 붙좇는다.(左右小島五十餘, 皆自名國, 而臣附之.)"에서 나온 말인 듯.

15　八道(팔도): 畿內道, 東海道, 東山道, 北陸道, 山陰道, 山陽道, 南海道, 西海道를 가리킴.

秦徐福[17], 率童男女三千, 行都平原。唐武后[18]時, 國號日本, 淸
和天皇[19], 賜姓源氏, 揔攬國政者爲關白[20], 大明太宗時, 封爲國
王, 凡軍國事, 天皇尊而不與焉。其俗性悍輕生, 好帶長劍。自
羅季爲東國患, 麗末無歲不入, 我太祖五年, 倭仉六[21]等, 表獻方
物[22]。有國王殿·畠山·大內·小二·武衛·京極·細川·山名諸
殿[23], 來朝我國, 接應有次第, 或親見或禮曹接待, 對馬島主宗盛

---

16 周平王(주평왕): 주나라 13대왕, 동주의 1대왕. 성은 姬, 이름은 宜臼. 西周
    幽王 姬宮涅의 아들이고, 모친은 申后이다. 서주 말기에 무도한 유왕의 총애를
    받던 후궁 褒姒는 자신이 낳은 아들 伯服을 태자로 옹립하고자 권신들과 결탁
    하여 적장자인 의구의 자리를 빼앗으려고 했다. 유왕은 포사에게 미혹되어 정
    실부인 신후와 태자로 있던 의구를 폐위시키고, 포사와 백복을 왕후와 태자로
    삼았다.

17 徐福(서복): 중국 秦나라 때 사람.《史記》에는 서불(徐市)로 기술되어 있다.
    진나라 始皇帝의 不老不死하려는 소원을 풀어주기 위하여, 그는 수천 명의 童
    男童女를 데리고 靈藥을 찾아 바다 끝 神山으로 배를 타고 떠났으나 중국에는
    다시 돌아오지 않았다고 한다.

18 武后(무후): 武宗. 唐나라 19대 황제. 穆宗의 다섯째 아들이고, 文宗의 아우이다.

19 淸和天皇(청화천황): 일본의 제56대 천황. 성인이 된 후에도 후지와라노 요시
    후사[藤原良房]의 셋쇼[攝政, 섭정]의 지위를 유지시켜 攝關政治의 초기 형태
    를 이루게 하였다.

20 關白(관백): 일본 역사에 성인이 된 천황의 최고 보좌관 또는 섭정. 平安時代
    (794장~1185)에 생겨난 이 직책은 표면적으로는 천황을 대행하여 정무를 수행
    하였으나, 종종 정권의 실세로 행동하였다.

21 仉六(측육): 仗六의 오기.《태조실록》5년(1396) 12월 21일 3번째 기사에 구육
    이 3인을 인솔하고 항복하는 기록이 있다.

22 方物(방물): 지방에서 나는 특산물을 조정에 바치거나 외국 나라에 바치던 예물.

23 諸殿(제전): 여러 제후. 일본의 국왕에 딸린 여덟 제후를 이르는 말.

長[24], 則歲賜米豆[25]百石。正德[26]庚午, 三浦倭叛[27], 防禦使柳聃
年[28]討平, 嘉靖[29]乙卯, 寇湖南[30], 防禦南致勤[31]擊破, 萬曆[32]丁亥,
犯湖南[33], 鹿島萬戶李大元[34], 戰死損竹島, 賊引歸。三入寇, 皆
不利退.】

---

24 宗盛長(종성장): 對馬島主 宗義盛의 아들.

25 歲賜米豆(세사미두): 조선 세종 때부터 해마다 對馬島主에게 내려 주던 쌀과 콩.

26 正德(정덕): 명나라 武宗의 연호(1506~1521).

27 三浦倭叛(삼포왜반): 1510년 釜山浦, 乃而浦, 鹽鋪 등 삼포에서 거주하고 있
던 왜인들이 대마도의 지원을 받아 일으킨 폭동 사건.

28 柳聃年(류담년, ?~1526): 본관은 文化. 1496년에 당상관이 되었고, 1509년에
좌포도대장이 되었다가 이듬해에 경상도우방어사가 되었다. 이 해에 三浦의
왜인들이 난을 일으키자 黃衡과 함께 김해에서 급히 수군을 조발하여, 왜인들
이 鎭將을 죽이고 점거하고 있던 熊川·釜山浦 등을 탈환하고 그들을 소탕하는
데 큰 공을 세웠다.

29 嘉靖(가정): 명나라 世宗의 연호(1522~1566).

30 寇湖南(구호남): 乙卯倭變을 가리킴. 조선 明宗 때인 1555년 왜구가 전라남도
영암·강진·진도 일대에 침입한 사건.

31 南致勤(남치근, ?~1570): 본관은 宜寧, 자는 勤之. 1552년 왜구가 제주를 노
략질할 때 제주목사 金忠烈을 대신하여 목사가 되어 이들을 무찔렀다. 1555년
왜구가 60여 척의 배로 대거 침입하여 長興·靈巖 등 여러 성을 함락시키는
을묘왜변을 일으키자 전라도좌방어사로 李浚慶과 함께 南平에서 대파하고, 또
鹿島를 쳐들어오는 왜구를 소탕하였다.

32 萬曆(만력): 명나라 神宗의 연호(1573~1619).

33 犯湖南(범호남): 정해왜변을 가리킴. 1587년 왜구들이 전라도 남해안을 범한
사건.

34 李大元(이대원, 생몰년 미상): 왜적들이 녹도 근처에 침범했을 때 주장에게 미
처 보고하지 않은 채 수급을 베어 공을 세우자, 水使 沈巖이 손죽도에 왜선들이
침범하자 이대원이 척후가 되었지만 응원하지 않아 전사한 인물.

二十一日庚戌。

主倅躬造見家親, 請並力守禦, 家親曰: "何待公言?" 卽投袂起, 聯轡入城。

二十二日辛亥。

家親謂主倅曰: "本府武庫兵器, 皆殘缺不可用, 請盡發刷鍊." 與主倅同坐廣寒樓[35], 發甲兵弓矢, 使之鍜敕, 判官盧從齡[36]曰: "朝家無調兵之令, 擅發武庫, 或無人議耶?" 家親曰: "天日照臨, 此心爲國禦賊, 人孰議爲?"

○ 先是戊子, 倭使橘康廣[37]之來也。家親[38]欲密探倭情, 馳往嶺南, 潛託護行輿儓[39], 以覘動靜, 至仁同[40]界, 康廣睨視槍夫[41]曰: "汝之槍竿甚短." 家親應聲答曰: "汝之劒鋩太鈍." 康廣便瞠目吐

---

35 廣寒樓(광한루): 전라북도 남원에 있는 누.

36 盧從齡(노종령, 생몰년 미상): 본관은 交河, 자는 成老.

37 橘康廣(귤강광): 다치바나 야스히로. 일본 桃山時代의 문신. 豊臣秀吉의 명으로 日本國王使가 되어 1587년 조선으로 와서 일본 국내사정의 변화를 설명하고 통신사의 파견을 요청하였다. 조선이 거부하자 그는 귀국하여 거짓 보고하였는데, 그것이 탄로나 가족까지 멸해졌다.

38 梁大樸이 영남으로 간 사실은 《松川先生遺集》 권7 〈附錄 下·忠臣贈通政大夫承政院左承旨兼經筵參贊官宣敎郎守工曹佐郎蟠溪公行狀〉에도 나옴.

39 輿儓(여대): 남의 집에 딸려 천한 일을 하던 사람.

40 仁同(인동): 경상북도 구미 지역의 옛 지명.

41 도로변에 있는 郡邑들이 왜놈의 사신을 만나면 고을의 백성들을 동원하여 창을 들고 길에 늘어서서 軍의 위엄을 나타나게 한 사실에 근거함.

舌曰: "哇哇." 卽下馬, 令舌人[42]亟請家親共乘, 家親走避不見.

及到尙州[43], 牧使宋應泂[44], 以妓樂享康廣, 康廣曰: "老夫積年干戈, 鬢髮種種[45], 而使君[46]處聲妓中, 何晧白若是?" 家親曰: "此虜所以諷之, 彼稱以來聘[47], 逐年往來, 覘我虛實, 我國之南憂決不久, 陰雨之備[48], 其可虛徐耶?" 至是, 家親謂主倅曰: "頃年, 橘虜槍竿甚短之語, 已示射天[49]之凶圖, 而我國不爲之備, 致有今日殆無異棟宇將焚, 燕雀呴呴." 主倅曰: "我國人本無遠慮, 誠如公言矣."【萬曆戊子, 橘康廣致關白平秀吉書, 要與通好, 國王源義藤

---

42 舌人(설인): 사역원에 속한 관리를 통틀어 이르는 말.

43 尙州(상주): 경상북도 서쪽 끝에 위치하여 충청북도 접경을 이루고 있는 고을.

44 宋應泂(송응형, 1539~1592): 본관은 恩津, 자는 公遠. 1586년 상주목사가 되고, 1592년 임진왜란 때 황주목사로 재직하다가 병으로 인하여 사직하고 귀경 중 곡산에서 죽었다.

45 種種(종종): 머리털이 짧고 모지라진 모양.

46 使君(사군): 임금의 명을 받들고 지방에 온 사신의 경칭이거나 지방장관에 대한 존칭.

47 來聘(내빙): 외국 사신이 그 나라의 예물을 가지고 조정을 방문함.

48 陰雨之備(음우지비): 《詩經》〈豳風·鴟鴞〉에 "하늘에서 장맛비가 아직 내리지 않을 때에, 저 뽕나무 뿌리를 거두어 모아다가 출입구를 단단히 얽어서 매어 놓는다면, 지금 이 아래에 있는 사람들이 혹시라도 감히 나를 업신여길 수 있겠는가.(迨天之未陰雨, 徹彼桑土, 綢繆牖戶, 今此下民, 或敢侮予?)"라고 한 데에서 나온 말. 국가에 재난이 닥치기 전에 군주가 미리 대비하여야함을 비유하는 말이다.

49 射天(석천): 하늘을 맞힌다는 뜻으로 무례하거나 무도함을 일컫는 말. 상국을 굴복시키려는 음모를 이르는 말이다.

昏迷, 爲秀吉所亡。秀吉者, 或云: "本中國福建人, 小孤傭販, 編
爲日本卒伍, 累立功爲關白." 或云: "日本民丁[50], 負薪行, 國王異
之, 用爲前部刀子, 善鬪積功, 爲大將軍." 或云: "源氏政亂, 其臣
信長弑代, 舊臣明智殺信長自立, 秀吉以信長親臣, 又殺明智自
立, 八道統一." 遂肆外侵, 求通信使, 朝廷不許, 康廣歸報, 秀吉
怒殺康廣滅族。己丑平義智[51]來獻孔雀必邀我使, 庚寅遂差黃允
吉[52]·金誠一[53], 偕義智渡海。辛卯平調信[54]·玄蘇[55], 稱以回禮, 又

---

50 民丁(민정): 부역 또는 군역에 소집된 남자.

51 平義智(평의지, 1568~1615): 일본 대마도 제18대 島主. 宗義智로도 표기된다.
   小西行長(고니시 유키나가, ?~1600)의 사위이자 평수길의 심복이었다.

52 黃允吉(황윤길, 1536~?): 본관은 長水, 자는 吉哉, 호는 友松堂. 1558년 사마
   시에 합격하여 진사가 되고, 1561년 진사로서 식년문과에 병과로 급제하였다.
   여러 벼슬을 거쳐 1583년 황주목사를 지내고, 이어 병조참판을 지냈다. 1590년
   通信正使로 선임되어 부사 金誠一, 書狀官 許筬과 함께 수행원 등 200여명을
   거느리고 대마도를 거쳐 오사카로 가서 일본의 關伯 豊臣秀吉 등을 만나보고
   이듬해 봄에 환국하여, 국정을 자세히 보고하였다. 서인에 속한 그가 일본의
   내침을 예측하고 대비책을 강구하였으나, 동인에 속한 김성일이 도요토미의 인
   물됨이 보잘것없고 군사준비가 있음을 보지 못하였다고 엇갈린 주장을 하여 일
   본 방비책에 통일을 가져오지 못하였다.

53 金誠一(김성일, 1538~1593): 본관은 의성, 자는 士純, 호는 鶴峰. 1564년 사
   마시에 합격했으며, 1568년 증광 문과에 급제하였다. 1577년 사은사의 서장관
   으로 명나라에 가서 宗系辨誣를 위해 노력했다. 그 뒤 나주목사로 있을 때는
   大谷書院을 세워 김굉필·조광조·이황 등을 제향했다. 1590년 通信副使가 되
   어 正使 黃允吉과 함께 일본에 건너가 실정을 살피고 이듬해 돌아왔다. 이때
   서인인 황윤길은 일본의 침략을 경고했으나, 동인인 그는 일본의 침략 우려가
   없다고 보고하여 당시의 동인정권은 그의 견해를 채택했다. 임진왜란이 일어나
   자, 잘못 보고한 책임으로 처벌이 논의되었으나 동인인 유성룡의 변호로 경상

偕允吉來, 逐年往來, 欲慣引兵之路, 至是大擧入寇.】

二十三日壬子。

閱兵府城。是時, 列郡士民, 投林藪, 竄巖谷, 數百里間, 無復
人煙。慶遇[56]躬往府中, 以家累[57]奔避事白家親, 家親曰：“吾已

우도 초유사에 임명되었다. 그 뒤 경상우도 관찰사 겸 순찰사를 역임하다 진주
에서 병으로 죽었다.

54 平調信(평조신): 柳川調信. 대마도주 平義智의 副官. 1591년 풍신수길의 사신
으로 우리나라에 왔으며, 이듬해 임진왜란 때 왜군에 가담하여 쳐들어왔다.

55 玄蘇(현소, ?~1612): 하카다[博多] 세이후쿠사[聖福寺]에서 승려 생활을 하던
중 대륙 침략의 야심을 품은 도요토미 히데요시[豊臣秀吉]의 부름을 받아 그
수하로 들어간 인물. 1588년 조선에 드나들며 자국의 내부 사정을 설명하고,
일본과 修好관계를 맺고 通信使를 파견하라고 요청하였다. 1590년 정사 黃允
吉, 부사 金誠一, 서장관 許筬 등의 통신사 일행이 일본의 실정과 도요토미의
저의를 살피기 위하여 일본으로 갈 때 동행하였으며, 이듬해 다시 입국하여 조
선의 국정을 살피고 도요토미의 명나라 침공을 위한 교섭활동을 하였다. 1592
년 임진왜란이 일어나자 고니시 유키나가[小西行長]가 이끄는 선봉군에 國使
와 역관 자격으로 종군하였다. 이후 임진강을 사이에 두고 조선과 명나라의 연
합군과 대치할 때 일본측 고니시의 제의로 이루어진, 中樞府知事 李德馨 등과
의 강화회담에 참여하는 등 일본의 전시외교 활동에 종사하였다.

56 慶遇(경우): 梁慶遇(1568~?). 본관은 南原, 자는 子漸, 호는 霽湖·點易齋·
蓼汀·泰巖. 張顯光의 문인으로 1592년 부친을 따라 아우 梁亨遇와 함께 의병
을 일으켰다. 또 高敬命의 막중에 나아가서 서기가 되었다. 1595년 明軍의 군
량 조달을 위해 〈告道內募粟文〉이라는 격문을 지어 도내에 곡식을 모집하자
10일 만에 7,000여 석이 모이니, 명나라 장수 楊元이 탄복하였다. 1597년 참봉
으로 丁酉別試文科에 급제하여 竹山縣監 등을 지냈다. 1606년 詔使 朱之蕃,
梁有年이 나오자 원접사 柳根의 종사관으로 차출되었다. 1609년에 車天 등과
함께 製述官이 되어 義州에 갔으나 폐단을 일으켰다는 이유로 사헌부의 탄핵을

在軍中, 不可去矣。家累, 汝其任意處焉。"慶遇使舍弟[58]亨遇[59],
陪慈母率家累, 往避于靑溪洞。【十年前, 先生[60]築精舍于靑溪洞
最深處, 家累奔避于此。】

二十四日癸丑。

慶遇馳進府中, 白家親, 以使弟奉母奔避事, 家親曰: "我有二
兒, 其一從我守城, 其一將母避禍, 於汝兄弟職宜矣。"主倅曰:
"公可謂有子矣。"

二十五日甲寅。

聞密陽[61]陷賊之報, 家親曰: "嶺邑連陷, 賊必踰嶺犯我, 可遣人

받았으나 朴應犀의 고변으로 趙希逸·崔起南 등과 함께 조사를 받고 풀려났다.
1616년 丙辰重試文科에 뽑히고 長城縣監을 지냈다. 1618년 大妃의 廢庶人 문
제로 아우인 梁亨遇가 抗疏하여 유배되자, 그는 관직을 버리고 霽巖에 집을
지어 鼓琴堂이라고 부르며 霽湖로 호를 삼았다.

57 家累(가루): 家率. 한 집안에 딸린 식구.

58 舍弟(사제): 남에게 대하여 자기 아우를 겸손하게 일컫는 말.

59 亨遇(형우): 梁亨遇(1570~1623). 본관은 南原, 자는 子發, 호는 東厓. 金長生
의 문하에서 수학하였다. 1592년 임진왜란 때 부친 양대박이 의병을 일으키자
함께 출전하여 운암 전투에서 공을 세웠다. 1603년 식년시에 합격하여 진사가
되었고, 1616년 별시에 합격하여 성균관전적을 지냈다. 1618년 광해군이 인목
대비를 서궁에 유폐하자 이를 반대하는 상소를 올렸으며, 이 때문에 함경도 회
령에서 6년간 유배되었다. 1623년 인조반정 후 충청도사로 조정의 부름을 받았
으나 급사하였다.

60 梁大樸의 연보에 의하면 1582년 靑溪洞에 精舍를 지은 것으로 나옴.

詗探⁶²." 主倅使判官盧從齡, 率精騎往探, 從齡有難色, 家親擊劒奮罵曰: "判官判官, 君豈非武夫耶? 主辱臣死之日, 何恇懷⁶³若是? 吾請自往." 遂領十騎往雲峯⁶⁴.【本月十六日, 賊陷梁山, 密陽府使朴晉⁶⁵, 守鵲院⁶⁶, 棄城走, 兵使李珏, 走還兵營夜逃。十七日, 陷密陽, 金海府使徐禮元⁶⁷棄城遁, 慶尙監司金睟⁶⁸還走右

---

61 密陽(밀양): 경상남도 동북부에 있는 고을.

62 詗探(형탐): 가만히 엿보아가며 샅샅이 찾음.

63 恇懷(광양): 겁을 내고 두려워함.

64 雲峯(운봉): 전라북도 남원에서 동쪽으로 약 20㎞ 떨어진 고을.

65 朴晉(박진, ?~1597): 본관은 密陽, 자는 明甫, 시호는 毅烈. 밀양 부사였을 때 임진왜란이 일어나자 李珏과 함께 蘇山을 지키다가 패하여 성안으로 돌아왔다가, 적병이 밀려오자 성에 불을 지르고 후퇴했다. 이후 경상좌도 병마절도사로 임명되어 나머지 병사를 수습하고, 군사를 나누어 소규모의 전투를 수행하여 적세를 저지하였다. 1592년 8월 영천의 민중이 의병을 결성하고 永川城을 근거지로 하여 안동과 상응하고 있었던 왜적을 격파하려 하자, 별장 權應銖를 파견, 그들을 지휘하게 하여 영천성을 탈환하였다. 이어서 안강에서 여러 장수들과 회동하고 16개 邑의 병력을 모아 경주성을 공격하였으나 복병의 기습으로 실패하였다. 그러나 한 달 뒤에 군사를 재정비하고 飛擊震天雷를 사용하여 경주성을 다시 공략하여 많은 수의 왜적을 베고 성을 탈환하였다. 이 결과 왜적은 상주나 서생포로 물러나지 않을 수 없었고, 영남지역 수십 개의 읍이 적의 초략을 면할 수 있었다. 1593년 督捕使로 밀양울산 등지에서 전과를 올렸고, 1594년 2월 경상우도 병마절도사, 같은 해 10월 순천부사, 이어서 전라도 병마절도사, 1596년 11월 황해도 병마절도사 겸 황주 목사를 지내고 뒤에 참판에 올랐다.

66 鵲院(작원): 鵲院關. 경상남도 밀양의 삼랑진에 있던 마을.

67 徐禮元(서예원, ?~1593): 본관은 利川. 1573년 무과에 급제하여 선전관이 되었다. 1591년 김해부사로 부임하였으며, 임진왜란이 일어나 왜군과 공방전을 벌이다가 패주하였다. 이 일로 삭탈관직 당했으나 의병장 金沔과 함께 왜적과 싸웠으며, 제1차 진주성싸움에서 목사 金時敏을 도와 왜적과 항전하였다. 1593

道。民心解散, 賊乘勢長驅, 列邑土崩[69]。】

○ 七月, 倭自龍潭[70]入長水[71], 從齡夜驚先走, 安性獨留, 斬其
潰卒乃止。

二十六日乙卯。
聞賊蹤鳥嶺[72]之報。

二十七日丙辰。
家親自咸陽[73]探知賊情還, 與主倅畫策, 率兵北上, 爲勤王計。

년 진주목사가 되었으며 제2차 진주성싸움에서 순국하였다.

68 金睟(김수, 1547~1615): 본관은 安東, 자는 子昻, 호는 夢村. 1573년 알성문
과에 급제하여 평안도관찰사·경상도관찰사를 거쳐 대사헌, 병조·형조의 판서
를 두루 지냈다. 임진왜란이 일어났을 때 경상우감사로 진주에 있다가 동래가
함락되자 밀양과 가야를 거쳐 거창으로 도망갔다. 전라감사 李洸, 충청감사 尹
國馨 등이 勤王兵을 일으키자 함께 용인전투에 참가했으나 패배한 책임을 지고
한때 관직에서 물러났다. 당시 의령에서 의병을 일으켰던 곽재우와 불화가 심
했는데 이를 金誠一이 중재하여 무마하기도 했으며, 경상감사로 있을 때 왜군
과 맞서 계책을 세워 싸우지 않고 도망한 일로 사람들의 비난을 받았다.

69 土崩(토붕): 흙이 무너지듯이 점차로 무너져 어찌할 수 없이 됨.

70 龍潭(용담): 전라북도 진안군에 위치한 고을.

71 長水(장수): 전라북도의 동부 중앙에 위치한 고을.

72 鳥嶺(조령): 경상북도 문경시 문경읍과 충청북도 괴산군 연풍면 사이에 있는
고개.

73 咸陽(함양): 경상남도 서부에 위치한 고을.

二十八日丁巳。

夜本道都巡察使李洸⁷⁴關到云：「朝家有徵兵之擧，使一道兵
馬齊赴礪山.」師期太迫，主倅提兵急上，家親爲殿從之。

二十九日戊午。

發向全州⁷⁵，聞尙州陷賊，巡邊使李鎰⁷⁶敗走之報。【邊報⁷⁷十

---

74 李洸(이광, 1541~ 1607): 본관은 德水, 자는 士武, 호는 雨溪散人. 1567년
생원이 되고, 1574년 별시 문과에 급제하였다. 평안병마평사·성균관전적·병
조좌랑·정언·형조좌랑 등을 거쳐 1582년 예조정랑·지평, 이듬해 성균관직강
·북청판관·함경도도사를 지냈다. 1584년 병조정랑·장악원첨정을 거쳐, 함경
도 암행어사로 나가 북도민의 구호 현황을 살피고 돌아와 영흥부사가 되었다.
1586년 길주목사로 나갔다가 함경도관찰사 겸 순찰사로 승진했고 1589년 전라
도관찰사가 되었다. 그해 겨울 모역한 鄭汝立의 문생과 그 도당을 전부 잡아들
이라는 영을 어기고, 혐의가 적은 인물을 임의로 용서해 풀어주었다가 탄핵을
받고 삭직되었다. 1591년 호조참판으로 다시 기용되었으며, 곧 지중추부사로서
전라도관찰사를 겸임하였다. 이듬해 임진왜란이 일어나자 전라감사로서 충청
도관찰사 尹先覺, 경상도관찰사 金睟와 함께 관군을 이끌고 북상해 서울을 수
복할 계획을 세웠다. 그리하여 5월에 崔遠에게 전라도를 지키게 하고, 스스로
4만의 군사를 이끌고 나주목사 李慶福을 중위장으로 삼고, 助防將 李之詩를
선봉으로 해 林川을 거쳐 전진하였다. 그러나 도중 용인의 왜적을 공격하다가
적의 기습을 받아 실패하자 다시 전라도로 돌아왔다. 그 뒤 왜적이 전주·금산
지역을 침입하자, 光州牧使 權慄을 도절제사로 삼아 熊峙에서 적을 크게 무찌
르고, 전주에 육박한 왜적을 그 고을 선비 李廷鸞과 함께 격퇴시켰다. 같은
해 가을 용인 패전의 책임자로 대간의 탄핵을 받고 파직되어 백의종군한 뒤,
의금부에 감금되어 벽동군으로 유배되었다가 1594년 고향으로 돌아왔다.

75 全州(전주): 전라북도 중앙부에 위치한 고을.

76 李鎰(이일, 1538~1601): 본관은 龍仁, 자는 重卿. 1558년 무과에 급제하여,
전라도 수군절도사로 있다가, 1583년 尼湯介가 慶源과 鐘城에 침입하자 慶源府

七日始至京師, 以李鎰爲巡邊使, 成應井[78]爲左防禦, 趙敬[79]爲右
防禦, 劉克良[80]爲助防將, 守竹嶺[81], 邊璣[82]爲助防將, 守鳥嶺。

使가 되어 이를 격퇴하였다. 임진왜란 때 巡邊使로 尙州에서 왜군과 싸우다가
크게 패배하고 충주로 후퇴하였다. 충주에서 도순변사 申砬의 진영에 들어가
재차 왜적과 싸웠으나 패하고 황해로 도망하였다. 그 후 임진강·평양 등을 방어
하고 東邊防禦使가 되었다. 이듬해 평안도병마절도사 때 명나라 원병과 평양을
수복하였다. 서울 탈환 후 訓鍊都監이 설치되자 左知事로 군대를 훈련했고,
후에 함북순변사와 충청도·전라도·경상도 등 3도 순변사를 거쳐 武勇大將을
지냈다. 1600년 함경남도병마절도사가 되었다가 병으로 사직하고, 1601년 부하
를 죽였다는 살인죄의 혐의를 받고 붙잡혀 호송되다가 定平에서 병사했다.

77 邊報(변보): 변경에서 들어오는 보고.

78 成應井(성응정): 成應吉(생몰년 미상)의 오기. 본관은 昌寧, 자는 德一. 成渾
의 재종당질이다. 무과에 급제한 뒤 여러 관직을 거쳐 1563년 사복시판관이
되었는데 私奴를 馬賊으로 잘못 알고 살해하여 파직당하였다. 그 뒤 복직되어
1587년에 順川府使, 1589년에 전라병사를 역임하였다. 1592년에 임진왜란이
일어나자 左防禦使로 임명되어 경상도로 가던 중 조방장 朴宗男과 함께 義興
에서 왜적을 만나 죽령을 거쳐 의주 行在所로 향하였다. 전란중 방어사 沈喜壽
의 종사관으로 활약하고 遼東에 들어가 원병을 요청하는 한편 명나라 장수 접
대 등에 공로가 많다 하여 扈聖功臣에 거론되었으나 책록되지 못하였다.

79 趙敬(조경): 趙儆(1541~1609)의 오기. 본관은 豊壤, 자는 士惕. 무과에 급제
하여, 선전관·제주목사를 거쳐, 1591년 강계부사로 있을 때 그곳에 유배되어
온 鄭澈을 우대하였다는 이유로 파직되었다. 이듬해 임진왜란이 일어나자 경상
우도방어사가 되어 황간·추풍 등지에서 싸웠으나 패배, 이어 金山에서 왜적을
물리치다 부상을 입었다. 그해 겨울 수원부사로 적에게 포위된 禿山城의 權慄
을 응원, 이듬해 도원수 권율과 함께 행주산성에서 대첩을 거두었다. 행주산성
에서의 승리로 한양을 탈환할 수 있었고, 都城西都捕盜大將으로 임명되었고,
1594년 훈련대장이 되었다. 그 뒤 동지중추부사·함경북도병사·훈련원도정·
한성부판윤을 거쳐 1599년 충청병사·회령부사를 지냈으며, 1604년 宣武功臣
3등에 책봉되고 豊壤君에 봉하여졌다.

80 劉克良(유극량, ?~1592): 본관은 延安, 자는 仲武. 당시의 신분 제도에서는

鎰以京營[83]無兵, 三日不得發, 罷兵判洪汝淳[84], 代以金應南[85]。
以柳成龍[86]爲體察使, 申砬[87]爲都巡邊使, 馳下。 時嶺邑屯兵信

과거에 응시할 수 없는 노비 출신이었으나, 洪暹의 깊은 배려로 노비 신분을
면제받았다. 여러 무관직을 거친 뒤 1591년 전라좌수사가 되었다. 1592년 임진
왜란이 일어나자 申砬의 助防將이 되어 전임하였다. 竹嶺을 방어하다가 패배
하자, 군사를 영솔해 방어사 申硈의 밑에 들어가 그 부장이 되었다. 대장 신할
과, 마침 1,000명의 군졸을 이끌고 그 곳에 달려온 도순찰사 韓應寅 등과 함께
임진강을 방어하다가 전사하였다.

81 竹嶺(죽령): 경상북도 영주시 풍기읍과 충청북도 단양군 대강면 사이에 있는
   고개.

82 邊璣(변기, 생몰년 미상): 본관은 原州. 아버지는 邊士倫이고, 아들은 邊彦琥
   이다.

83 京營(경영): 조선시대 한양에 있던 군영.

84 洪汝淳(홍여순, 1547~1609): 본관은 南陽, 자는 士信.

85 金應南(김응남, 1546~1598): 본관은 原州, 자는 重叔, 호는 斗巖. 1585년 우
   승지로 기용되고 이어 대사헌·대사간·부제학·이조참판 등을 역임하였다.
   1591년 성절사로서 명나라에 갔다. 마침 명나라에서는 일본의 국서를 받고 조
   선이 일본과 내통한다고 의심하는 자가 많았는데 이를 힘써 해명해 의구심을
   풀어주었다. 귀국 후 한성판윤이 되었고, 다음 해 1592년 임진왜란으로 왕이
   피난길에 오르자 柳成龍의 천거로 兵曹判書兼副體察使가 되었다. 이듬해
   1593년 이조판서로서 왕을 따라 환도, 1594년 우의정, 1595년 좌의정이 되어
   영의정 유성룡과 함께 임진왜란 후의 혼란한 정국을 안정시켰다.

86 柳成龍(류성룡, 1542~1607): 본관은 豊山, 자는 而見, 호는 西厓. 임진왜란이
   일어나자 병조판서로서 도체찰사를 겸하여 軍務를 총괄하였다. 이어 영의정에
   올라 왕을 扈從하여 평양에 이르러 나라를 그르쳤다는 반대파의 탄핵을 받고
   면직되었다. 의주에 이르러 평안도 도체찰사가 되었고, 이듬해 명나라 장수 李
   如松과 함께 평양성을 수복한 뒤 충청도·경상도·전라도 3도의 도체찰사가 되어
   파주까지 진격하였다. 이해 다시 영의정에 올라 4도의 도체찰사를 겸해 군사를
   총지휘했으며, 이여송이 碧蹄館에서 대패해 西路로 퇴각하는 것을 극구 만류

地[88], 待京將至, 鎰未及下, 賊漸逼。會大雨沾濕, 且乏粮餉, 官
軍夜潰, 列邑守單騎走還。鎰至, 尙州牧使金澥[89]遁, 判官權
吉[90], 括得數百丁, 不成軍伍。賊大至, 鎰棄馬披髮, 潛走忠州[91],

했으나 뜻을 이루지 못하였다. 1594년 훈련도감이 설치되자 提調가 되어《紀效
新書》(중국 명나라 장수 척계광이 왜구를 소탕하기 위하여 지은 병서)를 講解
하였다. 또한 호서의 寺社位田을 훈련도감에 소속시켜 군량미를 보충하고 鳥
嶺에 官屯田 설치를 요청하는 등 명나라 및 일본과 화의가 진행되는 동안에도
군비를 보완하기 위해 계속 노력하였다. 1598년 명나라 經略 丁應泰가 조선이
일본과 연합하여 명나라를 공격하려 한다고 본국에 무고한 사건이 일어나자,
사건의 진상을 알리러 가지 않는다는 북인들의 탄핵을 받아 삭탈관직 되었다가
1600년 복관되었으나 다시 벼슬길에 나아가지 않고 은거하였다.

87 申砬(신립, 1546~1592): 본관은 平山, 자는 立之. 1567년 무과에 급제하여
    1583년 북변에 침입해온 尼湯介를 격퇴하고 두만강을 건너 野人의 소굴을
    소탕하고 개선, 함경북도 병마절도사에 올랐다. 임진왜란 때 三道都巡邊使로
    임명되어 忠州 撻川江 彈琴臺에서 背水之陣을 치며 왜군과 분투하다 패배하
    여 부하 金汝岉과 함께 강물에 투신 자결했다.

88 信地(신지): 군대가 주둔하고 관할하는 지역.

89 金澥(김해, 1534~1593): 본관은 禮安, 자는 士晦, 호는 雪松. 1560년 진사가
    되고, 1564년 식년문과에 급제하였다. 1571년 형조좌랑, 1573년 지평을 거쳐
    이듬해 장령이 되었으며, 1576년 사간으로 승진하였다. 1592년 상주목사로 재
    임 중 임진왜란을 당하여 당황한 나머지 순변사 李鎰을 맞이한다는 핑계로 성
    을 떠나 피신하였다. 그러나 뒤에 판관 鄭起龍과 함께 鄕兵을 규합하여 開寧에
    서 왜군을 격파하고 상주성을 일시 탈환하기도 하였다. 이듬해 왜적에게 포위
    되어 항전하다가 전사하였다.

90 權吉(권길, 1550~1592): 본관은 安東, 자는 應善. 음보로 기용되어 관력은 상
    주판관에 이르렀다. 1592년에 임진왜란이 일어나자 東萊府를 잃고 도주하여온
    巡邊使 李鎰의 군사와 합세하였다. 상주에서 왜적과 전투를 벌일 때 죽음을
    무릅쓰고 나라를 지킬 것을 맹세하였는데, 戶長 朴傑을 비롯해 많은 군사와
    백성들이 이에 호응하여 싸웠지만 무기와 군병수의 열세로 패하여 전사하였다.

申砬駐兵處.】

○三十日己未。

到全州, 見巡察, 家親出語尹安性曰: "吾見巡察, 擧措迷惶, 語言糊塗[92], 此難濟事。 公須如斬卿子冠軍[93], 代上將, 樹大勳家也."

● 五月

初一日庚申。

留全州。 是夜, 家親謂尹安性曰: "聞申砬, 亦以大將南下。 曾見此人, 素無膽略, 浪得虛名, 今春巡撿時, 無一備禦長策, 但流連列邑而已。 今膺推轂[94]之寄, 亦不過李鎰之類, 國事不覺寒心."

---

91 忠州(충주): 충청북도 북부에 위치한 고을.

92 糊塗(호도): 근본적인 조처를 하지 않고 일시적으로 얼버무려 넘김.

93 卿子冠軍(경자관군): 楚나라 懷王의 신하 宋義의 호. 公子大將이라는 의미이다. 초나라 회왕은 송의가 병법을 안다고 여겨 그를 불러 상장군으로 삼고 卿子冠軍이라 불렀다. 당시 趙나라 왕이 鉅鹿城에 웅거하자 秦나라 군대가 성을 포위하고 날마다 공격을 하는 형편이었으므로 項羽는 초나라가 바깥에서 공격하고 조나라가 안에서 호응하면 진나라 군대를 격파할 수 있을 것이라고 권했다. 그러나 송의는 교만한 말로 조나라와 진나라가 싸우다 지친 틈을 이용할 것이라고 하면서 오랫동안 진군하지 않고, 자신의 아들 宋襄을 齊나라에 보내 재상으로 만들어주려고 하여 성대한 송별연을 베풀어주기까지 하였다. 이에 항우는 초나라 왕의 명령이라 하면서 새벽에 장막 안에서 상장군 송의의 목을 베고서 대신 상장군이 되어 진나라를 거록에서 크게 물리쳤다.

【自辛卯, 朝廷憂倭, 以金睟爲嶺伯, 李洸爲完伯, 尹先覺[95]爲錦
伯[96], 壬辰春, 遣申砬往京畿·黃海, 李鎰往忠淸·全羅, 巡視邊
備, 無他方略, 但流連[97]討哺而已。○ 癸未, 北胡陷慶源[98], 府使
金燧失守坐斬, 兵使李濟臣[99]拿鞠, 申砬以穩城府使, 殺賊有功,
擢爲兵使。至是臨行, 上賜寶劍, 下階帽忽落地, 到龍仁[100]狀啓[101]
不署名.】

---

94 推轂(추곡): 추천. 수레의 바퀴를 민다는 뜻으로, 옛날 임금이 장수를 보낼 때
    몸소 수레를 밀어주던 고사에서 유래하였다.

95 尹先覺(윤선각, 1543~1611): 본관은 坡平, 자는 粹天·國馨, 호는 恩省·達川.
    임진왜란이 일어나자 왜적을 맞아 싸우다가 패전하여 삭직되었으나, 후에 충청
    도순변사·판결사·중추부동지사 등을 거쳐, 비변사 당상이 되어 임진왜란 뒤의
    혼란한 업무를 수습하였다.

96 錦伯(금백): 충청도 관찰사를 일컫던 말.

97 流連(유련): 노는 재미에 빠짐.

98 慶源(경원): 함경북도 북단에 위치한 고을.

99 李濟臣(이제신, 1536~1583): 본관은 全義, 자는 夢應, 호는 淸江. 1571년 울
    산군수로 나가 아전들의 탐학을 근절시키고, 백성들의 불편을 없애는데 힘썼
    다. 1578년 진주목사가 되어 선정을 펴서 공이 많았는데, 이때 토호들의 모함으
    로 兵符를 잃고 벼슬을 사임, 향리에 은거하였다. 1581년 강계부사로 다시 등용
    되고, 이어서 함경북도병마절도사가 되었다. 그러다가 1583년 여진족 尼湯介
    가 쳐들어와 경원부가 함락되자, 패전의 책임으로 의주 麟山鎭에 유배되었다가
    그곳에서 죽었다.

100 龍仁(용인): 경기도 중앙에 위치한 고을.

101 狀啓(장계): 1592년 4월 28일에 신립이 용인에 이르러 적세가 대단하다는 말을
     듣고, "적세가 심히 성해서 실로 막아낼 일이 어려우니 오늘의 일은 민망하고
     딱하기 그지없습니다."라고 장계하였는바, 이때 한양에서는 신립을 干城으로
     믿었다가 이런 장계가 올라오니 모든 사람이 겁을 내어 인심이 흉흉하였다.

初二日辛酉。

家親, 自全州還向南原。

初三日壬戌。

慶遇陪家親復路[102], 家親語人曰: "敗吾軍者必洸也。國事無可恃矣。"憤咄不已, 促裝到家, 夜三鼓矣。

○ 聞忠州陷賊, 都巡邊使申砬, 敗死之報。【申砬入忠州, 聞李鎰敗, 膽落出陣彈琴臺[103]前。二十七日賊從丹月驛[104]至, 砲礮震地, 砬[105]策馬欲突圍, 還赴江死。諸軍大潰, 浮尸蔽江, 金汝岉[106]死, 李鎰脫走。初賊以踰鳥嶺爲憚, 使人覘知無備, 乃歌舞

---

102 復路(복로): 歸路. 돌아오는 길.

103 彈琴臺(탄금대): 충청북도 충주시 칠금동에 있는 고적지.

104 丹月驛(단월역): 충청북도 충주의 남쪽에 위치한 역참.

105 砬(립): 申砬(1546~1592). 28일 새벽 왜군은 부대를 나누어 본진은 충주성에 돌입하고, 左軍은 獺川 강변으로 숨어 내려왔으며, 右軍은 산으로 숨어 동쪽으로 나가 강을 건넜다. 신립은 당황해 忠州城으로 급히 말을 달렸으나, 군대의 전열이 미처 정비되기도 전에 성안의 왜군이 나팔소리를 신호로 일제히 출격, 조선의 관군은 대패하였다. 신립은 탄금대로 돌아와 副將 金汝岉과 함께 적병 수십 명을 사살한 뒤, 강물에 몸을 던져 자결하였다.

106 金汝岉(김여물, 1548~1592): 본관은 順天, 자는 士秀, 호는 披裘·畏菴. 영의정 金瑬의 아버지이다. 1567년에 진사시에 합격하고 1577년에 알성문과에 장원으로 급제하였다. 문무를 겸비했으나 성품이 호탕하고 법도에 얽매이는 것을 싫어해 높은 벼슬자리에는 등용되지 못하였다. 忠州都事, 담양부사를 거쳐, 1591년에는 의주목사로 있었으나, 서인 鄭澈의 당으로 몰려 파직, 의금부에 투옥되었다. 1592년 임진왜란이 일어나자 도체찰사 柳成龍이 무략에 뛰어남을

而過.】

初四日癸亥。

聞賊自湖西, 直擣王畿, 乘勝長驅, 家親拊劒流涕曰: "十餘年
前, 吾每言人, 以必有南憂, 人皆以我爲狂誕, 今日果何如也?"
人始服其先見。

○ 先是癸未, 本府府使張義國[107], 重創廣寒樓, 改駕烏鵲橋, 累
日役民, 家親見張倅曰: "不出十年, 此樓必爲兵燹所盪, 何乃苦民
爲?" 張倅曰: "有何先見?" 家親曰: "往在明廟乙卯, 有倭寇殺兵使
元績[108], 連陷五六城, 幸賴防禦金景錫[109]等, 力戰禦之, 然賊性動

알고 옥에서 풀어 자기 幕中에 두려고 하였다. 그런데 도순변사로 임명된 申砬
이 자기의 종사관으로 임명해줄 것을 간청해 신립과 함께 출전하였다가 전사하
였다.

107 張義國(장의국, 1537~?): 본관은 鎭川. 1564년 식년시에 합격하였다. 1582년
8월에 남원부사로 부임하여 1587년 7월에 창원부사로 갔다. 樓苑 근처 蓼川江
의 맑은 물을 끌어다가 광한루 앞에 은하수를 상징하는 호수를 만들었고, 그
위에 견우와 직녀의 전설이 담긴 烏鵲橋를 축조하였다. 그러나 정유재란 때
불타 버렸다.

108 元績(원적, ?~1555): 1519년 무과에 장원급제하였다. 영흥부사·경상우도수사
를 거쳐, 전라도병마절도사로 있을 때인 1555년 을묘왜변이 일어났다. 왜선 70
여척이 達梁浦에 침입하여 성을 포위하자, 이에 항전하였다. 그러나 성안에 양
식이 떨어지자 군민들의 목숨을 건지기 위하여 군사들로 하여금 衣笠을 벗게
하여 항복할 뜻을 적에게 보였다. 그러나 성을 뛰어넘은 적에 의해서 영암군수
李德堅, 장흥부사 韓蘊과 함께 살해당하였다. 이에 조정에서는 이미 죽었으나,
한 道의 主將으로서 먼저 항복을 하였다는 죄목으로 가산을 적몰하였다.

皆忍狠, 燔劫村閭, 俘虜男女。時余年十三, 尙能了了, 今若賊奴, 再犯此樓, 亦豈免煨燼耶? 且吾頃年, 陪家親在密陽衙, 適往東萊, 見賊艘無常往來泊海, 此必偵察我國, 而我則貪於通貨, 不能截其關防, 我之南憂, 豈在久耶?" 張倅默然, 家親出, 張嗤點[110]曰: "其言太誕妄矣。"【明廟乙卯, 倭陷達梁鎭[111], 殺全羅兵使元績及長興倅韓薀[112], 又擄靈巖守李德堅[113]。連陷蘭浦[114]·馬島[115]·兵

---

109 金景錫(김경석, 생몰년 미상): 본관은 羅州, 자는 錫之, 호는 龍洲. 1540년 의주목사가 되었으며, 이후 김해부사를 거쳐 1547년 謝恩副使가 되어 명나라를 다녀왔다. 1554년 전라도수군도절제사로 파견되어 흑산도에 숨어 있는 왜적을 토벌하였고, 그 공으로 한 계급이 올랐다. 파직 중인 1555년에 삼포왜란 이래 조선의 일본에 대한 세견선의 감소에 고난을 받아온 왜구들이 배 60여 척을 이끌고 전라도에 침입할 때, 이를 방어하기 위하여 이미 파직된 무신들을 서용함에 따라 전라우도방어사에 기용되었다. 강진에 진을 치고 나주 이남을 왜의 침구로부터 보호하는 등 공헌한 바가 컸으나, 같은 해 왜변이 진압되면서 아군이 대패한 영암전투 때에 지척에 있으면서 출동하지 않았다는 대간의 탄핵을 받아 파직되었다.

110 嗤點(치점): 비웃고 손가락질을 함.

111 達梁鎭(달량진): 전라남도 해남군 북평면 남창리에 있던 鎭.

112 韓薀(한온, 1511~1555): 본관은 淸州, 자는 君粹. 1555년 왜적이 왜선 60여척으로 전라도 達梁鎭에 쳐들어오자 장흥부사로 절도사 元績, 영암군수 李德堅과 더불어 달량진을 구원하기 위하여 갔으나 왜적이 거짓으로 도망하였다. 이에 절도사 원적이 입성하여 방비하였는데, 적의 수가 너무 많고 원병이 오지 않은데다가 3일이 지나자 식량이 떨어져 군사들로 하여금 옷과 모자를 벗어 항복하는 모양을 취하도록 하였으나, 왜적이 세가 약함을 알고 공격하여 성이 함락되고 절도사 원적과 함께 죽음을 당하였다.

113 李德堅(이덕견, ?~1555): 본관은 全義. 1555년에 靈巖郡守에 재직하던 중 乙卯倭變으로 왜선 70여 척이 達梁鎭에 침입하였을 때 전라병사 元績·長興府使

營[116]·加浦[117]。遣都元師李浚慶[118], 以金景錫·南致勤爲左右防
禦, 攻賊斬二百級。德堅回, 命斬殉軍。賊敗遁, 船中子女, 一時
號痛, 聲震海中。○ 丁酉, 南原城陷, 時廣寒樓, 果爲倭所焚, 後天
啓[119]丙寅, 府使申鑑[120]重創.】

韓蘊은 전사하였으나, 그는 왜적들에게 항복하여 구차하게 목숨을 보존하고
살아서 돌아오니 軍律에 따라 참형을 당하였다.

114 蘭浦(난포): 於蘭浦. 전라남도 해남군 송지면 어란리.

115 馬島(마도): 전라남도 강진 마량에 있었던 馬島鎭. 전라남도 완도군 군외면 佛
目里에 설치되었던 것을 옮긴 것이다.

116 兵營(병영): 장흥부 병영을 일컬음.

117 加浦(가포): 加里浦. 전라남도 완도에 있는 포구.

118 李浚慶(이준경, 1499~1572): 본관은 廣州, 자는 原吉, 호는 東皋·南堂·紅蓮
居士·蓮坊老人. 형조판서로 있다가 1555년 을묘왜란이 일어나자 전라도도순
찰사로 출정해 이를 격퇴하였다. 그 공으로 우찬성에 오르고 병조판서를 겸임
했다.

119 天啓(천계): 명나라 熹宗의 연호(1621~1627).

120 申鑑(신감, 1570~1631): 본관은 平山, 자는 明遠, 호는 笑仙·慢翁. 1597년
별시문과에 급제, 여러 관직을 거쳐 1599년 평안도평사로 나갔다가, 1601년 司
諫院正言·世子侍講院司書 등을 지내고, 이듬해 예조·병조 정랑을 거쳐 1603
년 행용양위부사직 겸 춘추관기주관이 되어 임진왜란 때 소실된 실록의 재간에
참여하였다. 1605년 봉산군수로 나갔으며 광해군 때는 원주목사를 지냈다. 인
조 초에는 충청도관찰사로서 공주산성을 수축하여 국난에 대비하였다. 그 뒤
형조참판을 역임하였고, 남원부사로 선정을 베풀었으며, 1628년 강화부유수가
되었다.

初五日甲子。

家親遂定倡義討賊之擧, 盖自全州復路, 已決此計。是夕, 舍弟亨遇, 自靑溪洞, 來覲仍留。

初六日乙丑。

家親, 以召募義兵, 出入山谷間, 探匿搜伏, 動之以義, 喩之以利[121]。諸民初不識義兵之名, 乃以諺書譯其意, 俾相傳告。其引諭開導之際, 必擊劍雪涕, 以道之義氣形於色, 忠心露於辭, 聞者莫不感泣。

○ 聞去月晦日, 大駕去邠[122]西幸平壤之報, 家親遂不食, 只飮饘粥, 呼天慟哭, 晝夜不絶聲。【初朝廷, 以李元翼[123]爲箕伯, 崔

---

121 利(이): 理의 옥기인 듯.

122 去邠(거빈): 임금이 전란을 피해 도성을 버리고 다른 곳으로 옮겨가는 것. 원래 邠은 중국 周나라의 서울이었는데, 太王이 오랑캐의 침입을 받자 이를 피하기 위해 岐山 밑으로 옮겨간 고사에서 유래한다.

123 李元翼(이원익, 1547~1634): 본관은 全州, 자는 公勵, 호는 梧里. 벼슬이 영의정에 이르렀으나 청빈한 생활을 했으며, 병제와 조세제도를 정비하여 1587년 이조참판 權克禮의 추천하여 安州牧使로 있을 때 六番制를, 1608년에 대동법을 실시하는 데 공헌했다. 이러한 공로에 힘입어 대사헌·호조 및 예조의 판서를 지냈다. 이조판서 때 임진왜란이 일어나자 평안도 도순찰사가 되어 왕의 피란길에 호종하고, 1593년 李如松과 합세하여 평양 탈환작전에 공을 세워 평안도 관찰사가 되었으며, 1595년 우의정에 올라 陳奏辨誣使로 명나라에 다녀온 후 1598년 영의정이 되었는데, 柳成龍을 변호하다 사직하였다. 1600년에는 좌의정을 거쳐 도체찰사에 임명되어 영남지방과 서북지방을 돌아보았다. 1604년 임진왜란 때의 공적으로 扈聖功臣에 책훈되고 完平府院君에 봉해졌다.

興源¹²⁴爲海伯, 將有西狩¹²⁵之意, 以李陽元¹²⁶爲守城大將, 李
戩¹²⁷·邊彦琇¹²⁸爲左右衛將, 朴忠侃¹²⁹爲巡檢, 使修¹³⁰都城, 起

---

124 崔興源(최흥원, 1529~1603): 본관은 朔寧, 자는 復初, 호는 松泉. 1555년 소
  과를 거쳐 1568년 증광문과에 급제하여, 장령·정언·집의·사간을 역임하였으
  며, 이어 동래와 부평의 부사를 지냈다. 1578년 승지로 기용되고, 1588년 평안
  도관찰사가 되었다. 이후 지중추부사를 거쳐 1592년 임진왜란이 일어나자 경기
  도와 황해도 순찰사, 우의정·좌의정을 거쳐 柳成龍의 파직에 따라 영의정에
  기용되었다. 임진왜란 당시 왕을 의주까지 호종했던 공으로 1604년 扈聖功臣
  에 追錄되었다.

125 西狩(서수): 임진왜란 때 宣祖가 일본군의 침입으로 도성을 버리고 평안도 義
  州로 播遷한 불행한 사건을 비유적으로 일컬은 말.

126 李陽元(이양원, 1526~1592): 본관은 全州, 자는 伯春, 호는 鷺渚. 1592년 임
  진왜란이 일어나자 留都大將으로 수도의 수비를 맡았으나 한강 방어의 실패로
  楊州로 철수, 分軍의 부원수 申恪과 함경도병마절도사 李渾의 군사와 합세해
  蟹踰嶺에 주둔, 일본군과 싸워 승리한 뒤 영의정에 올랐다. 이때 의주에 피난해
  있던 선조가 遼東으로 건너가 內附(딴 나라에 들어가 붙음)한다는 소식을 전해
  듣고, 탄식하며 8일간 단식하다가 피를 토하고 죽었다 한다.

127 李戩(이전, 1517~?): 본관은 羽溪, 자는 彦祐·彦漸, 초명은 彦晳. 李戡의 동
  생, 李福男의 조부. 1587년 경기도수군절도사로 있을 때 도성을 나서자마자
  바로 교자에 올라탔다는 이유로 사헌부의 탄핵을 받고 파직되었다. 이후 포도
  대장, 군기시제조, 비변사당상 등을 역임하였다. 1592년 4월 임진왜란 발발 직
  후 수성좌위장을 맡아 성곽을 수축했으며, 임금에게 전략 12조를 헌책하였다.
  4월 말 어가의 파천이 정해지자, 피난가는 선조의 어거를 의주까지 호종한 공으
  로 知中樞府事로 승진하였다.

128 邊彦琇(변언수, 1544~1592): 본관은 原州, 자는 君獻. 1592년 유도대장에 제
  수되어 都元帥 金命元과 副元帥 申恪을 도와 한강을 지키는 임무를 맡았다.
  임진왜란이 발발하여 왕실이 긴박한 상황에 처했을 때 먼 남쪽에 있던 崔遠이
  1만 군사를 거느리고 임금을 보필하기 위해 달려온 데에 반해, 가까운 곳에 있
  던 邊彦琇는 더 이상 적들과 맞서는 것은 헛수고에 불과하다며 구원 명령에
  응하지 않다가 군율을 어기고 군사들마저 잃어버린 죄로 白衣從軍을 명받게

復[131]金命元[132]爲都元師守漢江。領府事金貴榮[133], 請固守京城,

되었다. 그러나 후에 오랑캐에게 망명하고자 겨울에 얼음 언 강을 몰래 건너 새벽녘에 楸島를 엄습한 사실이 드러나 벌을 받아 죽었다.

129 朴忠侃(박충간, ?~1601): 본관은 尙州, 자는 叔精. 음보로 관직에 올라 1584 년 호조정랑이 되었다. 1589년 재령군수로 재직 중 韓準·李軸 등과 함께 鄭汝 立의 모반을 고변하여, 그 공으로 형조참판으로 승진하고 평난공신 1등과 商山 君에 봉해졌다. 1592년 임진왜란 때 巡檢使로 국내 여러 성의 수축을 담당하여 서울로 진군하는 왜적에 대비하였다. 그러나 왜병과 싸우다 도망한 죄로 파면 되었다가 뒤에 영남·호남지방에 파견되어 군량미 조달을 담당하였다. 1594년에 는 진휼사로 백성의 구제에 힘썼으며, 순검사·선공감제조 등을 역임하였다. 1600년 南以恭 등의 파당행위를 상소하였다가 집권층의 미움을 사 여러 차례 탄핵을 받기도 하였다.

130 修(수): 守의 오기.

131 起復(기복): 起復出仕. 상을 당해 휴직 중인 관리를 복상기간 중에 직무를 보도 록 기용하는 것.

132 金命元(김명원, 1534~1602): 본관은 慶州, 자는 應順, 호는 酒隱. 1568년 종 성부사가 되었고, 그 뒤 동래부사·판결사·형조참의·나주목사·정주목사를 지 냈다. 1579년 의주목사가 되고 이어 평안병사·호조참판·전라감사·한성부좌 윤·경기감사·병조참판을 거쳐, 1584년 함경감사·형조판서·도총관을 지냈다. 1587년 우참찬으로 승진했고, 이어 형조판서·경기감사를 거쳐 좌참찬으로 지 의금부사를 겸했다. 1589년 鄭汝立의 난을 수습하는 데 공을 세워 平難功臣 3등에 책록되고 慶林君에 봉해졌다.1592년 임진왜란이 일어나자, 순검사에 이 어 팔도도원수가 되어 한강 및 임진강을 방어했으나, 중과부적으로 적을 막지 못하고 적의 침공만을 지연시켰다. 평양이 함락된 뒤 순안에 주둔해 行在所 경비에 힘썼다. 이듬해 명나라 원병이 오자 명나라 장수들의 자문에 응했고, 그 뒤 호조·예조·공조의 판서를 지냈다. 1597년 정유재란 때는 병조판서로 留 都大將을 겸임했다.

133 金貴榮(김귀영, 1520~1593): 본관은 尙州, 자는 顯卿, 호는 東園. 1555년 을 묘왜변이 일어나자 이조좌랑으로 도순찰사 李浚慶의 종사관이 되어 光州에 파 견되었다가 돌아와 이조정랑이 되었다. 1556년 議政府檢詳, 1558년 弘文館典

抄發五部[134], 得卒七千, 計堞三萬, 不得列守, 鄉卒受賂私放, 戎政[135]大壞。申硈敗報至, 滿城俱震, 掌令權悏[136], 大聲呼守京城。大駕倉黃出關門, 禁軍逃竄, 都民哭聲如雷。畿伯權徵[137],

翰 등을 거쳐, 그 뒤 漢城府右尹·춘천부사를 지냈고, 대사간·대사헌·부제학 등을 번갈아 역임하였다. 선조 즉위 후 도승지·예조판서를 역임하고, 병조판서로서 지춘추관사를 겸하였으며, 1581년 우의정에 올랐고, 1583년 좌의정이 되었다가 곧 물러나 知中樞府事가 되었다. 1589년에 平難功臣에 녹훈되고 上洛府院君에 봉해진 뒤 耆老所에 들어갔으나, 趙憲의 탄핵으로 사직했다. 1592년 임진왜란이 일어나 천도 논의가 있자, 이에 반대하면서 서울을 지켜 명나라의 원조를 기다리자고 주장하였다. 결국 천도가 결정되자 尹卓然과 함께 臨海君을 모시고 함경도로 피난했다가, 회령에서 鞠景仁의 반란으로 임해군·順和君과 함께 왜장 加藤淸正의 포로가 되었다. 이에 임해군을 보호하지 못한 책임으로 관직을 삭탈당했다. 이어 다시 加藤淸正의 강요에 의해 강화를 요구하는 글을 받기 위해 풀려나 行在所에 갔다가, 사헌부사간원의 탄핵으로 推鞫당해 회천으로 유배가던 중 중도에서 죽었다.

134 五部(오부): 部는 조선시대에 한양을 동·남·서·북·중 5부로 나누어 그곳에 둔 관아를 일컫는 말. 오부는 한성부의 산하 행정 관아를 통틀어 이르는 말이다.

135 戎政(융정): 軍政. 군사 문제에 대한 일반 행정사무.

136 權悏(권협, 1553~1618): 본관은 安東, 자는 思省. 임진왜란 때 장령으로 서울의 사수를 주장하였다. 예문관응교로 있을 때 정유재란이 일어나자, 고급사로 임명되어 명나라에 가서 원병을 끌어들이는 데 성공했다. 귀국 후 호조참의에 오르고, 선무공신 3등으로 吉昌君에 봉해졌다.

137 權徵(권징, 1538~1598): 본관은 安東, 자는 而遠, 호는 松菴. 1586년 형조참판이 되고 전후해서 충청·함경도관찰사를 거쳐, 1589년 병조판서로 승진하였다. 그러나 서인 鄭澈이 실각할 때 그 黨與로 몰려 평안도관찰사로 좌천되었다. 임진왜란이 일어나자 경기도 지방의 중요성을 감안해 경기관찰사에 특별히 임명되어 임진강을 방어해 왜병의 서쪽 지방 침략을 막으려고 최선을 다하였다. 그러나 패배하고 삭녕에 들어가 흩어진 군사를 모아 군량미 조달에 힘썼으며, 權慄 등과 함께 경기·충청·전라도의 의병을 규합해 왜병과 싸웠다. 1593년

扈從, 至碧蹄驛[138], 侍從往往落後, 雨下如注, 初更到東坡驛[139]。
五月初一日, 瑞興守南巖, 帶軍數百名·馬五十疋, 先到。以此治
發, 夕次開城[140]。以柳成龍爲領相, 崔興源·尹斗壽[141]左右相, 首
相李山海[142], 以和倭誤國, 見罷。】

서울 탈환 작전에 참가했으며, 명나라 제독 李如松이 추진하는 화의에 반대,
끝까지 왜병을 토벌할 것을 주장하였다. 그 뒤 공조판서가 되어 전년 9월 왜병
에 의해 파혜쳐진 宣陵(성종릉)과 靖陵(중종릉)의 보수를 주관하였다.

138 碧蹄驛(벽제역): 경기도 고양시 벽제역에 있는 조선시대 중국 사신이 한양으로
들어오기 하루 전에 유숙하던 객사.

139 東坡驛(동파역): 조선시대 경기도 長湍에 위치한 역참.

140 開城(개성): 경기도 북서부에 위치한 고을.

141 尹斗壽(윤두수, 1533~1601): 본관은 海平, 자는 子仰, 호는 梧陰. 임진왜란이
일어나자 기용되어 선조를 호종, 어영대장이 되고 우의정·좌의정에 올랐다.
1594년 三道體察使로 세자를 시종 남하하였다. 1595년 중추부판사로 왕비를
海州에 시종하였다. 1598년 다시 좌의정이 되고, 1599년 영의정에 올랐으나
곧 사직하였다.

142 李山海(이산해, 1539~1609): 본관은 韓山, 자는 汝受, 호는 鵝溪·終南睡翁.
1561년 식년 문과에 급제해 승문원에 등용되었다. 이듬해 홍문관정자, 이어 부
수찬이 되고 1564년 병조좌랑·수찬, 이듬해 정언을 거쳐 이조좌랑이 되었다.
1570년 동부승지로 승진하였다. 1577년 이조·예조·형조·공조의 참의를 차례
로 지내고 대사성·도승지가 되었다. 1578년 대사간이 되어 서인 尹斗壽·尹根
壽·尹晛 등을 탄핵해 파직시켰다. 다음해 대사헌으로 승진하고 1580년 병조
참판에 이어 형조판서로 승진하였다. 이듬해 이조판서를 거쳐 우찬성에 오르
고, 1588년 우의정에 올랐고, 이 무렵 동인이 남인·북인으로 갈라지자 북인의
영수로 정권을 장악하였다. 다음해 좌의정에 이어 영의정이 되었다. 이듬해 鄭
澈이 建儲(세자 책봉) 문제를 일으키자 아들 李慶全을 시켜 金公諒(仁嬪의 오
빠)에게 정철이 인빈과 信誠君을 해치려 한다는 말을 전해 물의를 빚었으며,
아들로 하여금 정철을 탄핵시켜 강계로 유배시켰다. 한편 이와 관련해 호조판

初七日丙寅。

倉猝擧義, 無可伐戎器, 家親使慶遇監鑄兵器。治匠六七人造
鎗戟劒矛之屬, 日日督鑄, 委積如邱陵。

初八日丁卯。

家親登廣寒樓, 手草倡義檄文, 傳通于南中列邑守宰及諸士
民, 諭以擧義討賊意, 辭氣激烈, 筆法遒勁, 讀者掩泣

初九日戊辰。

慶遇, 以家親命, 袖檄文, 往見本道兵使崔遠[143], 崔遠見檄大

서 윤두수, 우찬성 윤근수와 白惟成·柳拱辰·李春英·黃赫 등 서인의 영수급
을 파직 또는 귀양보내고 동인의 집권을 확고히 하였다. 1592년 임진왜란 때
왕을 호종해 개성에 이르렀으나, 나라를 그르치고 왜적을 침입하도록 했다는
兩司의 탄핵을 받고 파면되었다. 1595년 풀려나서 영돈녕부사로 복직되고 대제
학을 겸하였다. 북인이 다시 분당 때 李爾瞻·鄭仁弘·洪汝諄 등과 대북파가
되어 영수로서 1599년 재차 영의정에 올랐다.

143 崔遠(최원, 생몰년 미상): 1580년 전라도병마절도사가 되고, 1592년에 임진왜
란이 일어나 군사 1,000명을 거느리고 의병장 金千鎰, 月串僉節制使 李薲과
함께 여산에서 적군의 진출을 막아 싸웠다. 김천일 등과 함께 남원·순창을 거쳐
북상하던 중 군사 4만 명을 거느리고 서울로 향하여 떠났던 전라감사 李洸 등
많은 군사가 용인에서 패전한 뒤라 수원에서 강화도로 들어가 주둔지로 삼고
군사를 모집하였다. 한편으로는 한강 연변지역을 왕래하면서 적의 후방을 공략
하고 해상으로 의주에 있는 行在所와도 연락을 취하였다. 이듬해 永德으로 나
가 왜군을 격파하고 200여 명을 참획, 그 공으로 상호군에 승진되었다. 1596년
황해도병마절도사를 거쳐, 1597년 정유재란이 일어나자 중앙으로 들어와서 한
강 수비의 소임을 맡았다.

喜。各樣兵器, 皆推餘爲用, 官軍之應募義兵者, 亦聽其去, 以助聲勢, 遂得兵器七馱而來。

初十日己巳。

聞漢江失守, 賊入京城, 留都大將李陽元·元帥金命元, 敗走之報。【賊自東萊分三路, 一起自梁山, 密陽·淸道[144]·大丘[145], 至尙州, 破李鑑軍, 一起由長鬐, 陷左兵營蔚山[146], 慶州[147]·義興[148]·龍宮[149], 出聞慶[150], 合師踰鳥嶺, 入忠州, 破申砬軍, 一起由金海[151]·星州[152]·金山[153], 出永同[154], 陷淸州[155], 向京畿。三路軍, 一時指都城, 金命元在濟川亭[156], 變服而走, 李陽元亦走。

---

144 淸道(청도): 경상북도 최남단에 위치한 고을.

145 大丘(대구): 大邱. 경상북도 남부 중앙에 위치한 고을.

146 蔚山(울산): 경상남도 북동단에 위치한 고을.

147 慶州(경주): 경상북도 남동단에 위치한 고을.

148 義興(의흥): 경상북도 군위군 북동부에 위치한 고을.

149 龍宮(용궁): 경상북도 예천군 중서부에 위치한 고을.

150 聞慶(문경): 경상북도 북서쪽에 위치한 고을.

151 金海(김해): 경상남도 낙동강 하구의 서쪽에 위치한 고을.

152 星州(성주): 경상북도 남서쪽에 위치한 고을.

153 金山(김산): 金泉. 경상북도 남서부에 위치한 고을.

154 永同(영동): 충청북도 최남단에 위치한 고을.

155 淸州(청주): 충청북도 중앙부에 위치한 고을.

156 濟川亭(제천정): 한양의 동남쪽에 있던 정자. 한강의 북쪽 언덕(한남동 언덕: 보광동 부근)에 위치해서, 한강을 유람하는 중국 사신이 맨 먼저 들은 곳으로

五月初三日, 諸賊渡江, 攔入城中, 如入無人之地.】

十一日庚午。

家親, 以募兵, 日夜驅馳, 不遑寢食。其出入山谷時, 令家奴一雲裹飯糜隨之, 飢甚, 則於馬上暫啜之, 風餐雨宿[157], 備嘗艱苦。南原·雲峯·長水·求禮[158]·谷城[159]等地, 深谷僻穴, 足跡殆遍。人或言: "其忍飢疾馳, 失攝致傷." 家親痛哭曰: "見今君父播越, 光武之豆麥[160]難繼, 此豈臣子甘心寢食之秋乎?" 聲淚並墜, 聞者莫不流涕。【四月晦日, 大駕冒雨, 昏到東坡驛, 坡州[161]守許晉[162]·長湍[163]守具孝淵[164], 略供御廚[165]。扈衛軍飢甚, 搶

고관들을 맞이하고 전송하는 이들이 날마다 모여들었던 곳이다.

157 風餐雨宿(풍찬우숙): 바람 속에서 먹고 비를 맞으며 잤다는 뜻으로, 큰일을 이루려는 사람이 모진 고생을 겪는 것을 이르는 말.

158 求禮(구례): 전라남도 북동부에 위치한 고을.

159 谷城(곡성): 전라남도 북동부에 위치한 고을. 동쪽으로 求禮가 있다.

160 光武之豆麥(광무지두맥): 宋나라 陶谷의 《淸異錄》에 나오는 光武帝의 일화. 〈滹沱河〉편에 "광무제가 행군할 때 양식이 없자, 빙이장군이 광무제에게 꽁보리밥과 콩국을 바치니, 그래서 광무제는 호타강을 무사히 건널 수 있었다. 이때부터 호타반을 대접받는 것을 영광으로 여겼다.(光武帝行軍無糧, 憑異獻麥飯豆粥, 勉渡滹沱河. 食滹沱飯竟成一種光榮了.)"고 하였다.

161 坡州(파주): 경기도 북서부에 위치한 고을.

162 許晉(허진, 1536~1616): 본관은 陽川, 자는 景昭, 호는 西橋. 임진왜란이 일어나자 1594년 동지사로 중국에 들어가서 왜적의 동태를 알리고, 아울러 군수품의 무역을 바라는 정문을 올려 귀국 시에 많은 무기를 교역하고 돌아왔다.

163 長湍(장단): 경기도 북서부에 위치한 고을.

奪[166]爭食, 將闕上供, 晉·孝淵, 懼而逃。翌日, 發向開城, 海伯
趙仁得[167], 設帳中途, 始水剌, 百官亦僅得療飢。】

○ 家有一玄騅, 日能五百里。自庚寅畜于家, 名之曰烏龍。又
於十餘年前, 在公州[168]衙, 有鬻一寶劍者。長可三尺, 強歸其直
而寶藏之。及決倡義, 家親拊魚鞘, 策烏龍, 語人曰: "帶此劍,
跨此馬, 殺此賊, 報吾王, 復吾國, 策吾勳, 此某之志願也." 人皆
曰: "劍與馬, 亦應時出."

十二日辛未。

聞李洸, 進軍至錦江[169], 聞乘輿[170]西狩, 留連公州累日, 竟罷

---

164 具孝淵(구효연, 1526~?): 본관은 綾城. 內資寺直長 具徵의 아들. 1561년 생
　　원시에 입격하여 橫城縣監·長湍府使 등을 지냈다.

165 御廚(어주): 임금이 먹을 음식을 조리하는 부엌.

166 搶奪(창탈): 강탈함. 빼앗음.

167 趙仁得(조인득, ?~1598): 본관은 平壤. 자는 德輔, 호는 滄洲. 1592년 임진왜
　　란 때 황해도관찰사로 해주 앞바다의 섬으로 피신하였다가 황해도병마절도사
　　로 전직되었으며, 그 뒤 판결사를 지냈다. 1594년 황해도병마절도사로 있을 때
　　비변사의 건의로 精兵을 모집하였으며, 이에 束伍法이 최초로 적용되기도 하
　　였다. 이로써 당시 시급한 砲手 양성에 노력하고 있던 각 지방군의 束伍軍化가
　　촉진되었다. 1595년 도승지가 되고, 이듬해 충청도관찰사·공조참판·길주목사
　　등을 역임하였다.

168 公州(공주): 충청남도 중앙부에 위치한 고을.

169 錦江(금강): 전라북도 장수군 장수읍의 神舞山에서 발원하여 군산에서 황해로
　　흘러드는 강.

170 乘輿(승여): 大駕. 임금이 타는 수레.

陣退兵, 人心洶懼, 賊勢猖獗。【初李洸, 聞朝廷徵兵, 督發兵馬, 期日甚迫, 大雨道塞, 士卒飢渴, 不勝鞭朴[171], 或縊於道, 或投於 水, 到公州, 留陣七日, 卽罷兵, 大衆潰散。】

十三日壬申。

玉果柳學諭彭老[172], 卽家親姨從也。聞家親倡義募兵, 率壯奴 三十七名, 一鞭馳來, 家親與之晝宵講武。

十四日癸酉。

自此義兵, 稍稍來集, 壯士聞聲至者, 亦百餘。鄕人房元震[173], 應募而來, 元震沙溪應賢[174]之孫, 年纔十八, 氣岸[175]磊落, 言議

---

171 鞭朴(편박): 관리들이 백성들을 매질하는 것.

172 彭老(팽로): 柳彭老(1554~1592). 본관은 文化, 자는 亨叔·君壽, 호는 月坡. 1588년 식년문과에 을과로 급제하였으나 벼슬에 뜻을 두지 않고 玉果縣에서 살았다. 1592년 임진왜란이 일어나자 梁大樸·安瑛 등과 함께 궐기하였으며, 피난민 500명과 家僮 100여명을 이끌고 담양에서 高敬命의 군사와 합세하였 다. 여기에서 고경명이 의병대장으로 추대되었는데, 유팽로는 고경명 휘하의 從事官이 되어 錦山에서 왜적과 싸우다가 전사하였다.

173 房元震(방원진, 생몰년 미상): 본관은 龍城, 자는 而省, 호는 晩悟. 1592년 임진왜란 때 梁大樸과 함께 의병을 일으켰다. 1623년 인조반정 후 申欽의 천거 로 찰방이 되었으나 곧 사직하였다. 1627년 정묘호란 때 號召使 金長生 휘하에 서 召募官으로 군사와 군량미를 모집하는데 활약하였다. 1636년 병자호란 때 의병을 일으켜 여산까지 진군하였으나 이미 화의가 성립되었다는 소식을 듣고 해산하였다.

174 應賢(응현): 房應賢(생몰년 미상). 본관은 南陽, 자는 俊夫, 호는 沙溪. 일찍이

激烈, 家親甚嘉奬焉。

十五日甲戌。

家親裁書于霽峯高公敬命[176], 諭以並力討賊之意。時高公以

曹植·李恒의 문하에 출입하며 학문을 닦았으나 관직에 뜻이 없어 과거에는 나가지 않았다. 주생면 영천리에 있는 사계천 위에 집을 짓고 誦詩와 독서로 일생을 자적하였다. 課農·理圃·灌漑·花竹 등 농학 분야의 生理 문제에 관심을 두었으며, 같은 남원 출신으로 임진왜란 때의 의병장 邊士貞과 친교가 두터웠다.

175 氣岸(기안): 기개.

176 高公敬命(고공경명): 高敬命(1533~1592. 본관은 長興, 자는 而順, 호는 苔軒·霽峯. 아버지는 대사간 高孟英이며, 어머니는 진사 徐傑의 딸이다. 1552년 진사가 되었고, 1558년 식년문과에 장원으로 급제해 成均館典籍에 임명되고, 이어서 공조좌랑이 되었다. 그 뒤 홍문관의 부수찬·부교리·교리가 되었을 때 仁順王后의 외숙인 이조판서 李樑의 전횡을 논하는 데 참여하고, 그 경위를 이량에게 몰래 알려준 사실이 드러나 울산군수로 좌천된 뒤 파직되었다. 1581년 영암군수로 다시 기용되었으며, 이어서 宗系辨誣奏請使 金繼輝와 함께 書狀官으로 명나라에 다녀왔다. 이듬해 서산군수로 전임되었는데, 明使遠接使 李珥의 천거로 從事官이 되었으며, 이어서 종부시첨정에 임명되었다. 1590년 承文院判校로 다시 등용되었으며, 이듬해 동래부사가 되었으나 서인이 실각하자 곧 파직되어 고향으로 돌아왔다. 1592년 임진왜란이 일어나 서울이 함락되고 왕이 의주로 파천했다는 소식을 전해들은 그는 각처에서 도망쳐온 官軍을 모았다. 두 아들 高從厚와 高因厚로 하여금 이들을 인솔, 수원에서 왜적과 항전하고 있던 廣州牧使 丁允佑에게 인계하도록 했다. 전라좌도 의병대장에 추대된 그는 종사관에 柳彭老·安瑛·楊大樸, 募糧有司에 崔尙重·楊士衡·楊希迪를 각각 임명했다. 그러나 錦山전투에서 패하였는데, 후퇴하여 다시 전세를 가다듬어 후일을 기약하자는 주위의 종용을 뿌리치고 "패전장으로 죽음이 있을 뿐이다."고 하며 물밀듯이 밀려오는 왜적과 대항해 싸우다가 아들 인후와 유팽로·안영 등과 더불어 순절했다.

前萊伯, 居光州, 負一代重望, 與家親有宿契[177]。

十六日乙亥。

鄉人蔡希淵[178], 應募而來。希淵, 進士元祥[179]之子, 碩幹長鬚, 多膽略, 善弓馬, 家親喜曰: "吾得蔡君, 賊於我何?"

十八日丁丑。

霽峯高公答書, 期以晦前, 會于潭陽面, 決擧義云。

十九日戊寅。

聞三道勤王兵, 潰於龍仁之報。【李洸, 罷兵不自安, 更調兵, 與錦伯尹國馨[180]俱進, 嶺伯金睟亦會, 兵摠五萬餘, 至龍仁。北

---

177 宿契(숙계): 오랜 친분.

178 蔡希淵(채희연, 1570~1592): 본관은 平康, 호는 和庵. 1592년 임진왜란이 일어나자 의병으로 출전하였다. 그는 만약 자신이 전사하면 시체를 거둘 때 신원을 파악하기 쉽도록 하기 위해 늘 푸른색 도포를 입었다고 한다. 흰 말을 타고 梁大樸을 찾아갔으나 양대박은 그를 고경명에게 천거하였다. 고경명은 채희연을 크게 신임하여 자신의 幕下에 두었으며, 채희연은 여러 차례에 걸쳐 적을 무수히 사살하는 전과를 올렸다. 금산 전투에서 적과 싸울 때 자신의 말이 적의 총탄에 맞아 쓰러지자, 단신으로 떨쳐 일어나 적병 수십 명을 참살하고는 적의 칼에 목숨을 잃었다.

179 元祥(원상): 蔡元祥(1525~?). 본관은 平康, 자는 慶仲. 1561년 식년시에 급제하였다.

180 尹國馨(윤국형, 1543~1611): 본관은 坡平, 초명은 尹先覺, 자는 粹夫, 호는

斗山上有賊, 洸易之, 令壯士白光彦[181]·李時禮挑戰, 賊拔劒下
山, 斫殺光彦等。三巡察, 皆無兵畧, 累萬兵, 無以統一, 賊揮刃
大喊, 三道兵一時大潰。賊從後掩殺, 死尸僵續, 賊得戰馬二千
疋, 兵械悉焚之。洸遁臨陂[182], 睟逃嶺右道, 國馨走公州.】

二十日己卯。

訓鍊義兵于墅前坪。時義兵應募者, 殆數千人, 又發家僮百餘
人, 編爲行伍。

二十一日庚辰。

家親誓于衆曰: "嚮吾聞黃宣傳進[183]言: '倭使[184]·秀吉, 姦譎無

恩省·達川. 1592년 충청도관찰사가 되자 왜적의 침입에 대비하여 무기를 정비
하였다. 그해 임진왜란이 일어나 왜적을 막아 내다 패하여 파직당하였다. 뒤에
다시 기용되어 충청도순변사가 되었고, 判決事·병조참판·同知中樞府事 등을
거쳐 備邊司堂上이 되어 왜란 뒤의 혼란한 업무들을 처리하였으며, 광해군 초
에 공조판서를 지냈다.

181 白光彦(백광언, 1554~1592): 본관은 海美, 호는 楓巖. 1592년 모친상을 당하
여 泰仁에 머무르고 있는 중에 임진왜란을 만나 全羅監司兼巡察使 李洸의 助
防將이 되었다. 이때 이광이 전라도병사 8,000명을 이끌고 공주까지 북상했다
가 서울이 함락되었다는 소식을 듣고 퇴군하여 전주에 이르자 백광언은 "君父
께서 서쪽으로 播遷하셨는데 공은 수하에 많은 병력을 거느리고 퇴군하여 싸우
려 하지 않으니 이 무슨 연고이시오."라고 꾸짖어 북상할 것을 약속받고 다시
2만 여의 군사를 모아 전열을 재정비한 뒤 수원을 향하여 진격하였다. 龍仁城)
남쪽 10리에 이르러 우군선봉장이 된 백광언은 좌군선봉장 李之詩와 함께 文小
山의 적진을 협공하였으나 패전하여 모두 전몰하고 말았다.

182 臨陂(임피): 전라북도 군산의 동부에 위치한 고을.

倫[185], 其敗盟來寇之意, 可占於飮罷瓦甌之日[186], 而抱嬰孩以接
使者[187], 是兒畜我也.' 寧可與此賊共戴天日乎?"【黃進, 翼成公
喜[188]之後, 登武科, 從黃允吉, 往日本, 留對馬島, 歷一歧島·博
多州·長門州·郞古耶, 自四月至七月晦, 始到倭都, 故迂回其路
也。秀吉容貌短, 色如柒鐵, 無他異表, 但目光閃閃射人。宴待

---

183 黃宣傳進(황선전진): 黃進(1550~1593). 본관은 長水, 자는 明甫, 호는 蛾述
    堂. 1576년 무과에 급제, 선전관을 거쳐 1591년 조선통신사 黃允吉을 따라 일
    본에 다녀와 미구에 일본이 來侵할 것을 예언하였다. 임진왜란이 일어나자 同
    福 현감으로 勤王兵을 이끌고 북상하여 龍仁에서 패전하고 이어 鎭安에서 왜
    적의 선봉장을 사살한 뒤 적군을 安德院에서 격퇴하고, 훈련원 判官이 되어
    梨峙전투에서 적을 무찔렀다. 그 공으로 益山 군수 겸 충청도 助防將에 오르
    고, 절도사 宣居怡를 따라 水原에서 싸웠다. 이듬해 충청도 병마절도사에 승진
    하여 패퇴하는 적을 추격, 尙州에 이르는 동안 連勝을 거두고, 적의 대군이
    晉州城을 공략하자 倡義使 金千鎰, 절도사 崔慶會와 함께 성중에 들어가 9일
    동안 혈전 끝에 전사하였다.
184 倭使(왜사): 對馬島主가 보내는 私人.
185 無倫(무륜): 또래가 없음. 짝이 없음.
186 飮罷瓦甌之日(음파와구): 黃允吉과 金誠一 등 사신이 豐臣秀吉의 접대 받았
    을 때의 상황을 묘사한 것. 접대 좌석에 나아가니, 연회의 도구는 배설하지 않고
    앞에다 탁자 하나를 놓고서 그 위에 떡 한 접시를 놓았으며 질사발로 술을 치는
    데 술도 탁주였다고 한다.
187 抱嬰孩以接使者(포영해이접사자): 豐臣秀吉이 조선의 사신들을 접대하다가
    안으로 들어가 便服차림으로 어린 아기를 안고 나와서 다시 접대하였는데 그
    아이가 풍신수길의 옷에 오줌을 누었다고 한다.
188 喜(희): 黃喜(1363~1452). 본관은 長水, 초명은 壽老, 자는 懼夫, 호는 厖村.
    누구에게나 청백리이자 명재상으로 잘 알려진 인물이며 조선조 최장수 재상이
    다. 그는 정치 일선에서 원칙과 소신을 견지하면서도 때로는 관용의 리더십을
    발휘하여, 건국 초기 조선의 안정에 기여하였다.

我使薄略[189]，無禮太甚．】

二十二日辛巳。

大置牛酒，犒義兵，于伊埜，遂建紅幟，書以義兵將梁某字

○家親席累世富貴之業，資産裕足，甲于一道，至是，盡盪於結豪士餉大衆之擧，不以爲念焉。

二十三日壬午。

家親往潭陽，高公果至。

二十四日癸未。

家親與高公，剋日[190]擧義，期會而還。

二十五日甲申。

慶遇往拜慈母，于青溪洞還。

二十六日乙酉。

蔡希淵，以親癠之重，留期謝去。

---

189 薄略(박략): 박하고 약소함.

190 剋日(극일): 약정함.

二十八日丁亥。

聞大駕次平壤, 乞援天朝之報, 家親曰：“我旣不能斬賊, 使報
上國, 而今反乞靈, 天朝其肯信我出兵乎？”

二十九日戊子。

義兵來集者, 可三千餘, 大會訓鍊于本府南栗場[191], 軍威振盛,
師律明肅。是日, 房元震策牛十餘頭來犒, 金瀏[192]亦領軍粮米十
八包來, 瀏郡守益福[193]之子, 自少從學於家親, 至是, 以父命, 領
粮來餉。

● 六月

初一日己丑。

家親曉起, 率義兵將士, 北望行在, 四拜。

初四日壬辰。

家親誓于衆曰：“嶺南郭再祐[194]·崔汴[195], 倡率義兵, 聲討賊奴,

---

191 栗場(율장): 전라북도 南原의 광한루 앞 밤나무 숲에 있던 장소.

192 金瀏(김류, 1567~1598): 본관은 扶安. 자는 達源.

193 益福(익복): 金益福(1551~1599). 본관은 扶安. 자는 季膺. 1592년 임진왜란이
　　일어나자 영광군수로 현감 任啓英과 함께 인근의 여러 고을에 격문을 돌려 의
　　병을 모아 여러 차례 전공을 세우고 결국 군중에서 전사하였다.

聞極欣幸, 徐禮元·禹伏龍[196], 買馘瞞國, 不覺痛惋."【郭再祐襲
賊於宜寧[197]鼎津[198], 崔汴破賊於知禮[199]長谷, 金海倅徐禮元, 散
財買馘, 薙髮[200]死尸, 瞞報錄勳, 龍宮倅禹伏龍, 襲殺我河陽卒,
數百髡頭奏捷, 金睟獻馘, 擢爲安東倅.】

---

194 郭再祐(곽재우, 1552~1617): 본관은 玄風, 자는 季綬, 호는 忘憂堂. 1585년
정시문과에 급제했지만 왕의 뜻에 거슬린 구절 때문에 罷榜되었다. 임진왜란
때 의병을 일으켜 天降紅衣將軍이라 불리며 거듭 왜적을 무찔렀다. 정유재란
때 慶尙左道防禦使로 火旺山城을 지켰다.

195 崔汴(최변, 1562~?): 본관은 慶州, 자는 太浩.

196 禹伏龍(우복룡, 1547~1613): 본관은 丹陽, 자는 見吉, 호는 懼庵·東溪. 1592
년 임진왜란 때 龍宮縣監으로 용궁을 끝까지 방어, 그 공으로 안동부사에 올랐
다. 그 뒤 江都留守로 있을 때 일을 공정하게 처리하여 권세가의 횡포를 금단하
니 권세가들의 미움을 받아 1599년 洪州牧使로 전임되었다. 그러나 선정을 베
풀었으므로 임금의 아낌을 받았고 나주·충주의 牧使를 거쳐, 1612년 성천부사
에 이르렀다. 한편, 용궁현감 우복룡이 군사를 거느리고 兵營으로 가다가 길가
에서 밥을 먹고 있었는데, 河陽縣 代將이 군사 수백 명을 거느리고 방어사에게
로 모이고자 올라가면서 그 앞을 지나가며 말에서 내리지 않았다고 하여 그들을
잡아다가 반란군이라면서 모조리 죽였다. 이를 두고 우복룡이 토적을 잡아서
베었다고 방어사에게 알리고 순찰사는 우복룡을 공으로 장계해서 안동부사로
승진 시킨 사실이 있다.

197 宜寧(의령): 경상남도 중앙에 위치한 고을.

198 鼎津(정진): 경상남도 宜寧의 솥바위 나루. 咸安과 의령, 陜川을 물길로 연결
하는 요충지로 곽재우가 임진왜란 초기 왜적의 호남 진출을 저지하고 대승한
전적지이다.

199 知禮(지례): 金泉. 경상북도 북서부에 위치한 고을.

200 薙髮(치발): 머리를 짧게 깎는 것.

初五日癸巳。

大犒義兵, 自去月, 日殺牛犒士[201]。發程日, 刑一馬[202], 與將士
歃血而誓曰: "此賊未除, 何以生爲?" 作祭文, 告家廟, 慟哭拜辭。

初六日甲午。

家親領義兵三千, 自南原, 往赴于潭陽, 慶遇兄弟從軍。

初七日乙未。

進軍至潭陽, 霽峯高公亦至, 仲子學諭[203]因厚[204]陪焉。高築兩
壇于射亭[205]南北, 家親與高公, 對坐講武。柳學諭彭老, 鄕人安

---

201 犒士(호사): 군사들에게 음식을 베풀어 위로함.
202 刑一馬(형일마): 말 한 마리를 잡음. 고대에 제후들을 모아놓고 맹약할 때 칼로
    말을 죽여 피를 내어서 함께 마셨다고 한다.
203 學諭(학유): 조선시대 성균관의 종9품 벼슬.
204 因厚(인후): 高因厚(1561~1592). 본관은 長興, 자는 善健, 호는 鶴峯. 1592년
    임진왜란이 일어나자 전라도관찰사 李洸은 관군을 이끌고 북상, 공주에 이르러
    선조가 몽진하였다는 소식을 듣고 군대를 해산, 귀향시켰다. 이때 광주의 향리
    에 있으면서 아버지의 명에 따라 이들을 다시 모아 형 고종후와 함께 수원에
    留陣하고 있는 丁允祐에게 인계하고 행재소로 가려 하였으나, 길이 막혀 귀향
    중에 북상중인 아버지의 의병 본진과 泰仁에서 합류하였다. 의병이 礪山에 이
    르러 黃澗·永同의 왜적이 장차 전라도로 침입하려 한다는 정보를 입수하고,
    당초의 계획을 변경하여 금산으로 향하였다. 금산에서 방어사 郭嶸의 관군과
    합세하여 왜적을 방어하기로 하였으나, 왜적이 침입하자 관군이 먼저 붕괴되
    고, 이에 따라 의병마저 무너져 아버지 고경명과 함께 전사하였다.
205 射亭(사정): 활터의 정자.

瑛[206], 亦從家親, 謀於衆曰: "當此國勢泮渙·人心潰散之日, 不早建大將, 無以鎭衆." 乃推高公爲盟主, 家親爲其副叅謀軍事.

○ 是日, 麾下士皆曰: "三千義旅募, 公名爭附, 而今公虛將位不居, 是重失義士之心也." 衆論洶囂不止, 家親曰: "不然. 首事[207]起義日, 若自立爲將, 是示人以利己也, 何以鎭衆? 且高公忠義人也, 年位俱高於我, 爾等以事我者事之. 戮力王室, 共濟艱難, 有不從令者, 我有劍三尺." 衆議乃定.

初九日丁酉.

合師大閱, 犒士.

十一日己亥.

出師于潭陽, 爲勤王計.

十二日庚子.

師次泰仁縣.

---

206 安瑛(안영, ?~1592): 본관은 順興, 자는 元瑞. 남원 출신. 1592년 임진왜란이 일어나서 서울에 있는 모친을 봉양하기 위해 가는 길에 高敬命 휘하의 의병에 가담, 활약하다가 금산 싸움에서 장렬한 전사를 하였다.
207 首事(수사): 가장 중요한 일. 일을 시작함.

十三日辛丑。

由金溝[208]進軍, 向全州路, 遇霽峯公胤子臨坡[209]縣令從厚[210],
與俱遠近應募者, 十百爲羣, 來迎道路。衆至四千人, 到全州。

○ 聞臨津江失守, 韓應寅[211]·朴忠侃敗走之報。【初韓應寅與
金命元, 守臨津, 賊無舡不得渡。十餘日, 賊焚幕佯退, 申硈[212]

---

208 金溝(금구): 지금의 金堤. 전라북도 서쪽 중앙에 위치한 고을.

209 臨坡(임피): 臨陂로도 표기됨. 전라북도 沃溝에 위치한 고을.

210 從厚(종후): 高從厚(1554~1593). 본관은 長興, 자는 道冲, 호는 隼峰. 형조좌
랑 高雲의 증손으로, 할아버지는 호조참의 高孟英, 아버지는 의병장 高敬命이
다. 1570년 진사가 되고, 1577년 별시문과에 급제하여 臨陂縣令에 이르렀다.
1592년 임진왜란 때 아버지 고경명을 따라 의병을 일으키고, 錦山싸움에서 아
버지와 동생 高因厚를 잃었다. 이듬해 다시 의병을 일으켜 스스로 復讐義兵將
이라 칭하고 여러 곳에서 싸웠고, 위급해진 진주성에 들어가 성을 지켰으며 성
이 왜병에게 함락될 때 金千鎰·崔慶會 등과 함께 南江에 몸을 던져 죽었다.

211 韓應寅(한응인, 1554~1614). 본관은 淸州, 자는 春卿, 호는 百拙齋·柳村.
1576년 사마시에 합격하고, 다음해 謁聖文科에 급제, 注書·예조좌랑·병조좌
랑·持平을 지내고, 1584년 宗系辨誣奏請使의 서장관으로 명나라에 다녀왔다.
1588년 신천군수로 부임하여, 이듬해 鄭汝立의 모반사건을 적발하여 告變, 그
공으로 호조참의에 오르고 승지를 역임하였다. 1591년 예조판서가 되어 진주사
로 재차 명나라에 가서 이듬해 돌아왔다. 임진왜란이 일어나자 八道都巡察使
가 되어 요동에 가서 명나라 援軍의 출병을 요청하고, 接伴官으로 李如松을
맞았다. 이듬해 請平君에 봉해지고, 서울이 수복되자 호조판서가 되었다. 1595
년 주청사로 명나라에 다녀오고, 1598년 우찬성에 승진, 1605년 府院君에 진봉
되고, 1607년 우의정에 올랐다. 1608년 선조로부터 遺敎七臣의 한 사람으로
永昌大君의 보호를 부탁받았으며, 1613년 癸丑獄事에 연루되어 관작이 삭탈당
하였다가 후에 신원되었다.

212 申硈(신할, 1548~1592): 본관은 平山. 申砬의 동생. 1589년 경상도좌병사가
되어 활동하였다. 임진왜란이 일어나자 함경도병사가 되어 선조의 몽진을 호위

欲渡擊, 劉克良不可. 硈欲斬之, 遂追擊賊, 果伏精兵迎之, 克良·硈被殺, 軍士匍匐受刃, 或自投江. 朴忠侃先逃, 應寅·命元皆走, 守灘軍潰散. 五月二十七日, 賊渡江西下.】

○ 家親謂高公曰:"吾以數千孤軍, 抗百萬方張之賊, 其勢必無幸矣. 不如加募義兵, 盆張聲威." 高公曰:"非公, 誰任其責?" 家親, 遂以加募爲己任, 使慶遇掌軍中書籍, 與卒二千, 從高公, 留陣全州, 與舍弟亨遇, 復向南原.

함으로써 그 공을 인정받아 좌승지 閔濬, 병조판서 金應南, 대사헌 尹斗壽 등의 추천으로 경기수어사 겸 남병사에 임명되었다. 이후 막하의 劉克良, 이빈, 李薦, 邊璣를 亞將으로 삼고 도원수 金命元과 병사를 이끌고서 임진강을 지키며 적과 대치하였다. 9일 동안 적과 대치하던 신할과 그의 병사들은 당시 도순찰사였던 韓應寅의 병력을 지원 받아 작전을 세우고 심야에 적진을 기습하였으나 복병이 나타나 그 자리에서 순절하였다.

從軍日記 中

仲男亨遇撰

萬曆二十年壬辰

● 六月

十四日壬寅。

家親, 以加募義兵, 自全州還向南原, 亨遇與五六軍卒從之。

十五日癸卯。

時熱炎方熾, 暑雨久蒸。家親出入於南原·淳昌[1]·任實[2]等地, 招諭義兵, 若初募時。

十六日甲辰。

家親, 日以募兵, 驅馳原隰[3], 暴露草莽[4], 如是十許日, 應募者, 稍集響應。【五月, 先生赴潭陽, 後義兵應募來, 會伊墅者, 近三百人, 皆罷歸。至是, 聞加募, 復來集。】

---

1 淳昌(순창): 전라북도 남부 중앙에 위치한 고을.
2 任實(임실): 전라북도 중남부에 위치한 고을.
3 原隰(원습): 언덕과 습지. 산을 넘고 물을 건넘.
4 暴露草莽(폭로초망): 風餐露宿. 바람과 이슬을 맞으며 한데서 먹고 잠잔다는 뜻으로, 모진 고생 또는 객지에서 겪는 고생을 이르는 말.

十八日丙午。

家親資産, 盡蕩於去月餉士之際。亨遇以家親命, 往見主倅尹
安性, 請得加募義兵粮資。主倅, 與軍粮六十石, 戰馬四十匹,
將士之欲應義兵者, 雖在官籍, 亦多推與。且謂亨遇曰:"尊公危
忠[5]苦節[6], 感激人心, 終破賊奴者, 必尊公也."

十九日丁未。

黎明, 主倅來見家親, 請並力守城如初。家親, 以義兵一枝,
已向全州, 不可中撤辭。主倅曰:"吾亦欲從義兵, 與公同事, 而
巡察於義兵, 多方沮格, 誠無奈何矣."又曰:"公前言巡察必敗,
吾軍可謂洞燭肺腑矣."仍咄咄而去。

二十日戊申。

聞茂朱[7]賊, 還向嶺南, 倡義使金千鎰[8], 率羅州義兵, 已向北路

---

5 危忠(위충): 높은 충성.

6 苦節(고절): 굳은 절개.

7 茂朱(무주): 전라북도 북동부에 위치한 고을.

8 金千鎰(김천일, 1537~1593): 본관은 언양, 자는 士重, 호는 健齋·克念堂.
1573년 軍器寺主簿가 되고, 1578년 任實縣監을 지냈다. 1592년 임진왜란 때
나주에 있다가 高敬命·朴光玉·崔慶會 등과 함께 의병을 일으켰다. 선조가 피
난 간 평안도를 향해 가다가, 왜적과 싸우면서 수원의 禿山城을 점령하였고
용인의 金嶺(지금의 경기도 용인시 처인구 역북동 일대) 전투에서 승리한 뒤
강화도로 들어갔다. 용인전투는 의병에게는 첫 번째 승리를 안겨주었기 때문에

之報, 欲倍道進軍, 與高公合師, 並力爲北上勤王計。

二十二日庚戌。

家親, 與義兵將士, 北望行在四拜, 慟哭不止, 一軍爲之流涕。
家親曰: "賊奴書中有天下歸朕一超大明等語, 此非徒我之賊, 乃
天下之賊也。 今日義兵, 誠能爲天下除殘賊, 政所謂無敵於天下
者也."【平秀吉書曰: "從余之請, 見差三使, 幸甚。 吾國六十州,
比年分離, 余伐叛討逆, 悉歸掌握。 余托胎時, 慈母夢日輪入懷,
必四海蒙威名。作敵心者, 自然摧滅, 開闢以來, 洛陽壯麗莫如此
日。一超直入大明國, 施帝朝億萬斯年者, 在方寸中云云。】

二十三日辛亥。

犒師, 組鍊于伊墅, 軍容整肅, 士氣日增, 皆願一戰。

二十四日壬子。

家親帥加募義兵, 敢死者千餘人, 自南原將赴全州, 進次于任

그 공으로 判決事가 되고 倡義使의 호를 받았다. 왜적에게 점령된 서울에 결사
대를 잠입시켜 싸우고, 한강변의 여러 적진을 급습하는 등 크게 활약하였다.
다음해 정월 명나라 제독 李如松의 군대가 개성을 향해 남진할 때, 그들의 작전
을 도왔다. 또한 왜군이 남쪽으로 퇴각하자, 절도사 최경회 등과 함께 晉州城을
사수하였다. 그 뒤 진주성을 지킬 때 백병전이 벌어져, 화살이 떨어지고 창검이
부러져 대나무 창으로 응전하였다. 마침내 성이 함락되자 아들 金象乾과 함께
南江에 투신하여 자결하였다.

實[9]之葛潭驛[10]。

二十五日癸丑。

曉蓐食[11]進軍, 將踰栗峙, 有倭賊遊兵萬餘於雲巖長谷。家親
分義旅, 作二隊, 使亨遇領一隊, 指授方略, 左右夾擊, 大破之。
家親手所斬馘五十級, 義兵所擊殺殆千餘。蹂躪檮盪, 川流亦
赤。又獲我國被擄男女數百人。遂伐雲巖, 小峴上大亭樹, 白而
刻之曰: "壬辰, 六月二十五日, 義兵將梁某, 破倭於此。"【時倭賊
方列竈川邊, 爲朝炊計, 先生擊劍曰: "此政爲君父敵愾之秋也。
若不出奇瞞敵, 無以濟矣。"遂分爲二隊, 使亨遇領其一, 潛伏白
雲菴之東　先生自領一枝兵馬, 自栗峙鼓下。賊列陣川邊, 前軍
或五六或八九, 皆荷大劍, 立劍, 長可丈餘, 日光下射, 閃閃如
電。先生曰: "毋怕! 試看如許人, 豈能用如許劍耶?"先生拔劍突
擊, 出入如神, 義兵殊死戰[12]。亨遇, 亦從西大喊, 衝其中堅[13],
賊陣中坼, 義兵夾擊, 大破之。遂整軍點閱, 則義兵中砲丸死者,
殆四十人。先生收瘞, 作祭文吊之。得賊劍見之, 果削木爲之,

9　任實(임실): 전라북도 중남부에 위치한 고을.

10　葛潭驛(갈담역): 葛覃驛의 오기. 전라북도 임실에 위치한 역.

11　蓐食(욕식): 새벽밥. 이른 아침에 이부자리 안에서 급히 식사하는 일

12　殊死戰(수사전): 죽음을 각오하고 싸움.

13　中堅(중견): 主將의 직접 지휘 아래에 둔 정예로 편성한 中軍.

沃以白鑞[14], 以爲眩敵之資也.】

二十六日甲寅。

進軍塩巖, 倭兵見我紅幟·標號, 皆曳甲遁, 莫敢抗鋒 進次于全州之北亭

二十七日乙卯。

全羅都事崔鐵堅[15], 大備牛酒, 來犒義兵, 勞雲巖之捷也。

二十八日丙辰。

聞黃磵[16]賊入, 錦山[17]郡守敗死之報, 仍留陣完山。日晡[18]時, 家親猝得奇疾, 甚篤, 以病未能尅期[19]進軍之由, 牒報[20]于霽峯

---

14 白鑞(백랍): 주석과 납의 합금한 것을 말함.

15 崔鐵堅(최철견, 1548~1618): 본관은 全州, 자는 應久, 호는 夢隱. 1576년에 사마시에 합격, 1585년 별시문과에 장원으로 급제하여 典籍·감찰·형조좌랑·사간원정언을 역임하였다. 1590년에는 병조정랑이 되어 書狀官으로 명나라에 다녀와서 전라도사가 되었다. 1592년 임진왜란이 일어나 관찰사 李洸이 패주하자, 죽기를 맹세하고 전주 士民에 포고하여 힘껏 싸워 전주를 수호하였다. 1597년 수원부사로 임명되고, 1599년 內資寺正, 1601년에 황해도관찰사가 되었다가 호조참의로 전임되었다.

16 黃磵(황간): 충청북도 영동에 위치한 고을.

17 錦山(금산): 충청남도 남동부에 위치한 고을.

18 日晡(일포): 해질 무렵. 오후 3시부터 5시까지를 말한다.

19 尅期(극기): 바삐 다그침. 기한을 정함.

高公。

二十九日丁巳。

聞大軍發向恩津[21]之報。家親下血之症, 甚劇, 崔都事鐵堅, 卽軍中問疾, 助給藥餌。

● 七月

初一日戊午。

家親, 患候無減, 衆心洶擾, 遂力疾訓士于北亭, 望行在四拜。且聞大駕, 將內附[22]中原, 慟哭不已, 神氣暴陷, 赤血下泄, 幾至數盆。時舍兄從高公, 在礪山鎭, 獨亨遇侍劑, 日夕煎泣。

初二日己未。

亨遇邀醫診之, 醫曰: "憂勞毒中, 風露冒外, 積極而發, 必難救矣." 蓋家親, 前後召募, 觸冒暑炎, 忍飢驅馳於原野之間者, 幾匝二月。四千義旅及其戎器·軍餉之屬, 皆身自經理, 鞠躬盡瘁[23], 肌膚日銷, 病根崇于此。

---

20 牒報(첩보): 서면으로 상관에게 보고함.
21 恩津(은진): 충청남도 논산의 남서부에 위치한 고을.
22 內附(내부): 조정에 귀순해 옴.

初三日庚申。

聞錦山賊言: "將逼完府." 完府勢蹙。朝暮且焉, 而家親症候,
一倍危劀。亨遇, 卽以此意, 裁書于高公及舍兄, 欲使義兵赴珍
山[24], 皆曰: "吾屬爲梁公用, 不願附珍山."

○ 聞賊陷平壤之報。【六月初八日, 倭至大同江[25], 大駕出平
壤, 向寧邊[26], 命左相尹斗壽守平壤, 巡察李元翼·都元帥金命元
在練光亭[27], 本道監司宋言愼[28]守大同城門, 兵使崔潤德[29]守浮碧
樓[30], 慈山守尹裕後[31]守長慶門。賊荷丈餘大劍, 色如雪霜 將欲

---

23 鞠躬盡瘁(국궁진췌): 鞠躬盡力. 마음과 몸을 다 바쳐 나랏일에 이바지함.

24 珍山(진산): 충청남도 錦山의 중서부에 위치한 고을.

25 大同江(대동강): 평안남도 북동부 낭림산맥의 서쪽에서 발원하여 남서쪽으로
   흐르다가 남포 부근에서 서해로 흘러드는 강.

26 寧邊(영변): 평안북도 영변과 안주의 일부 지역에 걸쳐 있는 고을.

27 練光亭(연광정): 평안남도 대동강 가의 덕암 바위에 있는 정자.

28 宋言愼(송언신, 1542~1612): 본관은 礪山, 초명은 宋承誨, 자는 寡尤, 호는
   壺峰. 1589년 기축옥사 때 鄭汝立과 연루되어 부교리에서 면직되었다. 1592년
   사마시에 합격하고, 그 뒤 평안도관찰사가 되었으나 임진왜란으로 공조참판이
   되어 평안도순찰사를 겸하다가 다시 함경도순찰사를 겸하면서 軍兵 모집에 힘
   썼다. 1592년에 삭직되었고, 1596년 東面巡檢使로 다시 등용된 뒤 대사간·병
   조판서·이조판서를 역임하였다.

29 崔潤德(최윤덕): 李潤德(1529~1611)의 오기. 본관은 廣州, 자는 得夫. 식년시
   무과에 급제하여 선전관을 지냈다. 이후 전라도병마절도사·함경도병마절도사
   ·경상도 평안도의 병마절도사를 역임하고, 訓練院都正·關西副元帥가 되어
   서부방면을 지켰다.

30 浮碧樓(부벽루): 평안남도 평양의 牡丹峯에 있는 누대.

31 尹裕後(윤유후, 1541~1606): 본관은 坡平, 자는 慶餘, 호는 松堂·雙栢. 음보

渡江。江水日縮, 分遣宰臣, 祈雨於檀君·箕子·東明王廟, 猶不
雨。賊累日不能渡, 六月十四日, 使高彦伯[32]領精兵, 從綾羅[33]
渡, 潛濟襲倭, 奪戰馬數百匹。賊大起, 我軍退, 不得泊舟, 溺死
者多。餘軍從王城灘[34], 亂流而渡。是夕, 賊舉衆由灘以渡。成
龍托扈從, 先走博川[35], 斗壽·命元, 盡出城中人, 沈軍器火砲於
風月樓池中, 出走順安[36]。明日, 賊陷平壤。】

初四日辛酉。

軍中夜驚, 哭聲如雷, 曰: "大將其死矣, 惶撓不已." 家親勵氣

로 관직에 올라 司果로 재직 중 1568년 증광사마시 진사에 합격하였으며, 이후
행용양위부사과, 좌랑을 거쳐 고양군수에 이르러 암행어사의 탄핵을 받고 파직
되었다. 삭녕군수를 거쳐 1590년 영월부사가 되었다가 1592년 자산군수를 거
쳐 임진왜란을 겪은 뒤, 관직은 한성부서윤에 이르렀다.

32 高彦伯(고언백, ?~1609): 본관은 濟州, 자는 國弼. 임진왜란이 일어나자 寧遠
郡守로서 대동강 등지에서 적을 방어하다가 패하였으나 그 해 9월 왜병을 산간
으로 유인하여 62명의 목을 베는 승리를 거두었다. 이어 1593년 양주에서 왜병
42명을 참살한 공으로 楊州牧使가 되었다. 利川에서 적군을 격파하고 京畿道
防禦使가 되어 내원한 명나라 군사를 도와 서울 탈환에 공을 세웠고, 이어 경상
좌도 병마절도사로 승진하여 양주·울산 등지에서 전공을 세웠다. 1597년 정유
재란 때 다시 경기도방어사가 되어 참전하였다. 1609년 광해군이 임해군을 제
거할 때 함께 살해되었다.

33 綾羅(능라): 綾羅島. 평안남도 평양의 대동강에 있는 섬.

34 王城灘(왕성탄): 평안남도 평양의 대동강에 있는 능라도 아래 강물이 얕은 여울.

35 博川(박천): 평안북도 서남단에 위치한 고을.

36 順安(순안): 평안남도 서북부의 平原에 위치한 고을.

作聲曰:"天若佑我國, 必無是事." 麾下士築壇, 爭禱于天。

初五日壬戌。

夜烏龍忽悲啼, 躑躅不食而死。家親曰: "吾其已矣。烏龍先我死, 天其不吊我也。雖然, 死爲厲鬼, 必殺賊奴, 吾豈在張巡[37]後耶?" 聞者, 莫不飲泣。

初六日癸亥。

鷄三呼, 家親便起坐曰: "吾夢登天謁上帝, 泣請救援, 帝憐之曰: '當下送神兵, 勦滅賊矣.' 吾已得請於上帝, 可無憂矣." 呼將士數三, 面語之少間, 病益篤, 氣息奄奄, 而諄諄如夢讋者, 惟討賊一事而已。【六月二十二日, 大駕幸義州, 乞援皇朝, 且請內附神宗皇帝, 發遼東兵三千, 摠兵祖承訓[38] · 遊擊將史儒[39], 果以七月, 渡

---

37 張巡(장순): 唐나라의 충신. 安祿山이 반란을 일으키자 그는 眞源縣令으로서 상관의 항복 명령을 거부하고 義兵을 일으켜 전공을 세웠으나, 許遠과 함께 江淮의 睢陽城을 수비하다가 戰死하였다.

38 祖承訓(조승훈): 임진왜란 때 명에서 파견된 장군 가운데 하나. 파병 당시 직위는 摠兵. 1592년 7월에 기마병 3천을 거느리고 평양을 공격하게 하였으나 이기지 못한 채 퇴각하여 요동으로 되돌아갔다. 그 뒤 12월에 다시 부총병 직위로 이여송 군대와 함께 다시 와서 평양성을 수복한다.

39 史儒(사유): 明에서 파견된 遊擊將軍. 1592년 임진왜란 때 제1차로 조선을 원조하러 왔다가 전사하였다. 평양이 함락되자 명에서는 명나라 부총병 祖承訓에게 3천 명의 군대를 주어 평양을 수복하라 하였다. 조승훈 參將 郭夢徵, 유격장군 사유 · 王守官 · 戴朝弁 등을 거느리고 1592년 7월에 적병을 얕보고 칠성문

江而來。又大發兵四萬, 經略宋應昌[40]·提督李如松[41]來援, 癸巳
正月, 攻破平壤賊, 四月克復京城。天兵前後來援者, 十四萬二千
七百人。霽峯高公曰："靑溪此夢, 必天朝夬許東援之兆。"】

初七日甲子。

家親力疾扶坐, 看劒垂淚已, 不言矣。但自膈上格格, 作獻欷

으로 쳐들어갔다. 이때 사유는 선봉장으로 활약하다가 좁은 골목길에서 적의
탄환에 맞아 죽었다.

40 宋應昌(송응창, 1536~1606): 명나라 장수. 임진왜란 당시 1592년 12월 명군의
지휘부, 경략군문 병부시랑으로 부하인 제독 李如松과 함께 43,000명의 명나
라 2차 원군의 총사령관으로 참전하였다. 그리고 조선의 金景瑞와 함께 제4차
평양 전투에서 평양성을 탈환한다. 그러나 이여송이 벽제관 전투에서 대패하자
명나라 요동으로 이동, 형식상으로 지휘를 하였다. 이후 육군과 수군에게 전쟁
물자를 지원해 주었고 전쟁 후 병이 들어 70세의 나이로 병사하였다.

41 李如松(이여송, 1549~1598): 명나라 장수. 朝鮮 출신인 李英의 후손이며, 遼
東總兵으로 遼東지역의 방위에 큰 공을 세운 李成梁(1526~1615)의 長子이다.
임진왜란 때 防海禦倭總兵官으로서 명나라 구원군 4만 3천 명을 이끌고 동생
李如柏과 왔다. 43000여의 明軍을 이끌고 압록강을 건넌 그는 休靜
(1520~1604), 金應瑞(1564~1624) 등이 이끄는 조선의 僧軍, 官軍과 연합하
여 1593년 1월 고니시 유키나가[小西行長]의 왜군을 기습해 평양성을 함락시켰
다. 그리고 퇴각하는 왜군을 추격하며 평안도와 황해도, 개성 일대를 탈환했지
만, 한성 부근의 碧蹄館에서 고바야카와 다카카게[小早川隆景], 다치바나 무
네시게[立花宗茂] 등이 이끄는 왜군에 패하여 開城으로 퇴각하였다. 그리고
함경도에 있는 가토 기요마사[加藤淸正]의 왜군이 평양성을 공격한다는 말이
떠돌자 평양성으로 물러났다. 그 뒤에는 전투에 적극적으로 나서지 않고 화의
교섭에만 주력하다가 그 해 말에 劉綎(1558~1619)의 부대만 남기고 명나라로
철군하였다.

一聲, 遂臥不起。是日日下, 稷有二條長虹亘, 截庚酉方[42]移時
不滅, 夜大雷雨。【初秀吉旣陷嶺南, 又使猛將大南飛合淸正[43]欲
陷湖南。南飛從順天[44]渡橋入淳昌[45], 淸正自嶺南入黃礀陷錦山,
將向全州, 忽聞南飛敗死雲巖, 而先生留陣全州, 不欲來。及至
七夕, 或傳先生下世之報, 淸正猶恐㤼逗留, 不敢來逼, 還走嶺
右, 湖南幸得全, 爲中興基。人言死諸葛走生淸正云[46]。】

---

42 庚酉方(경유방): 서쪽 방향.

43 淸正(청정): 加籐淸正. 임진왜란이 발발하자, 일본군의 선봉이 되어 조선으로
쳐들어왔는데, 사실 한양에 가장 처음 입성한 것은 고니시 유키나가였다. 그러
나 가토 기요마사는 문서를 교묘하게 꾸며 자신의 사자를 잽싸게 보내서 공적을
위조했다. 그러나 이를 간파한 이시다 미츠나리가 가토 기요마사의 부정을 탄
핵하자, 이후 사이가 아주 원수지간이 되었다. 개성을 함락시킬 때까지 고니시
군과 함께 하였고, 그 이후 함경도로 진군하여 선조의 서자인 임해군과 순화군
도 사로잡는다. 그리고 가토는 이 공로로 순왜인(조선인으로서 임진왜란때 일
본에 부역했던 자) 국경인과 국세필에게 벼슬을 내린다. 정유재란 때는 홍의장
군 곽재우와의 전투에서 패전하였고, 울산성 전투에서는 조명연합군에게 포위
되어 自軍의 시체를 뜯어먹고 말의 피를 마시는 처참한 농성을 벌여, 결국 원군
이 올 때까지 버티는데 성공하여 간신히 귀환할 수 있었다.

44 順天(순천): 전라남도 동남부에 위치한 고을.

45 淳昌(순창): 전라북도 남부 중앙에 위치한 고을.

46 蜀나라 제갈공명은 魏나라 대장군 司馬懿(仲達)와 대치하던 중 陣中에서 병으
로 사망한다. 촉나라 군사들은 하는 수 없이 철수를 단행했다. 항상 공명에게
속아만 온 중달은, 공명이 죽었다는 소문과 철수작전이 모두 자기를 유인해 내
기 위한 술책이라고 생각하게 되었다. 잘못하다가는 앞뒤로 협격을 당할 염려
마저 없지 않았으므로 중달은 허둥지둥 달아나기가 바빴다. 이 사실을 안 백성
들이 "죽은 제갈이 산 중달을 달아나게 했다"고 말했다. 이 말을 전해들은 중달
은 멋쩍은 웃음을 지으며 "산 사람이 하는 일이야 알 수 있지만 죽은 사람이

하는 일이야 어떻게 알 수가 있어야지.(吾能料生, 不能料死.)" 했다는 것이다.
죽은 諸葛亮이 살아 있는 司馬懿를 도망치게 한 사실을 놓고, 그 당시 사람들이
만들어 냈다고 전해 오는 말이다.

|원문과 주석|

梁大樸 倡義 從軍日記

從軍日記 下

家男慶遇撰

萬曆二十年壬辰

● 六月

十四日壬寅。

家親, 以加募義兵, 復向南原, 慶遇以家親命, 率衆二千, 從高
公留陣全州。

十五日癸卯。

上將高公, 與慶遇, 往見全州府尹權憬[1], 權憬給軍餉米豆五十
餘包。

十六日甲辰。

合操[2]于全州。

十七日乙巳。

聞嶺南賊將犯茂朱, 上將遣仲子因厚, 率一隊兵, 設伏于鎭

---

1 權憬(권수, 1535~1592): 본관은 安東, 자는 思遠, 호는 石泉. 1564년 식년시
　에 급제하였다.

2 合操(합조): 각 영문의 군사를 한데 모아 훈련하는 일을 이르던 말.

安[3]地。

十八日丙午。

上將謀於衆曰: "梁慶遇, 聰敏强記, 且多籌略, 可掌義營文
簿." 凡軍額糧餉, 悉委慶遇與縣令從厚, 合謀取辦.

○ 是夜, 上將仰看天象[4], 謂慶遇曰: "熒惑[5]入於尾箕[6]之分, 我
國之被兵燹[7], 固天運之難逃. 每見自乾戌方, 有一條赤氣, 來薄
熒惑, 熒惑芒死, 又有天狗[8], 時蝕孛芒, 此必賊奴運窮於戌之象
也. 若以年計, 則戌距今六年, 我與賊實漢賊[9], 不兩之勢, 豈有
六七年相持之理? 余甚訝焉." 慶遇曰: "不若以月計, 今九月亦
戌也. 我必以是月, 掃除醜虜, 平靖[10]邦國之象." 上將曰: "君言
亦有理."【自壬辰至丁酉, 連年兵革, 戊戌六月初一日, 平秀吉身

---

3 鎭安(진안): 전라북도 북동부에 위치한 고을.

4 天象(천상): 천문현상. 日月星辰의 변화하는 현상.

5 熒惑(형혹): 熒惑星. 곧 火星이라고도 한다. 이 별이 밝으면 전쟁이나 기근의
   전조로 여겼다.

6 尾箕(기미): 尾星과 箕星. 우리나라에 해당하는 별로 여겨졌다.

7 兵燹(병선): 전쟁이나 내란으로 인하여 일어나는 화재로, 전쟁의 상태나 그 뒤
   의 파괴된 상황을 비유하기도 함.

8 天狗(천구): 天狗星. 일종의 살별.

9 漢賊(한적): 중국과 중국을 거역하는 역적을 묶은 말. 諸葛亮의 〈後出師表〉에
   "한 나라와 역적은 양립할 수 없다.(漢賊不兩立.)"는 대목에서 나온다. 여기서
   는 우리나라와 壬辰亂을 일으킨 일본을 지칭한다.

10 平靖(평정): 平定. 평온함.

死後, 諸賊卷還日本, 天兵亦撤歸, 我國始平靖。霽峯公戌窮之
言, 如執左契[11], 人服其神見.】

十九日丁未。

聞松江鄭相公澈[12], 自江界[13]謫所, 承召赴平壤之報。上將謂
慶遇曰：“吾前與松江, 每言必有倭變, 而松江不我信, 今日必多

---

11 左契(좌계): 둘로 나눈 부符信 가운데 왼쪽의 것을 의미하는데, 명확한 증거를
   뜻하는 말이다. 《老子》에 “성인은 좌계를 가질 뿐이지 사람을 책망하지는 않는
   다.(聖人執左契, 而不責於人.)”라는 말이 보인다.

12 鄭相公澈(정상공철): 鄭澈(1536~1593). 본관은 延日, 자는 季涵, 호는 松江.
   어려서 仁宗의 淑儀인 맏누이와 桂林君 李瑠의 부인이 된 둘째누이로 인하여
   궁중에 출입하였는데, 이때 어린 慶原大君(明宗)과 친숙해졌다. 1545년 을사
   사화에 계림군이 관련되자 부친이 유배당하여 配所를 따라다녔다. 1551년 특사
   되어 온 가족이 고향인 전라도 담양 昌平으로 이주하였고, 그곳에서 金允悌의
   문하가 되어 星山 기슭의 松江가에서 10년 동안 수학하였다. 1561년 진사시에,
   다음 해 별시문과에 각각 장원하여 典籍 등을 역임하였고, 1566년 함경도 암행
   어사를 지낸 뒤 李珥와 함께 賜暇讀書하였다. 1578년 掌樂院正에 기용되고,
   곧 이어 승지에 올랐으나 珍島 군수 李銖의 뇌물사건으로 東人의 공격을 받아
   사직하고 고향으로 돌아왔다. 1580년 강원도 관찰사로 등용되었고, 3년 동안
   강원·전라·함경도 관찰사를 지냈다. 1589년 우의정에 발탁되어 鄭汝立의 모
   반사건을 다스리게 되자 西人의 영수로서 철저하게 동인 세력을 추방했고, 다
   음해 좌의정에 올랐으나 1591년 建儲문제를 제기하여 동인인 영의정 李山海와
   함께 光海君의 책봉을 건의하기로 했다가 이산해의 계략에 빠져 혼자 광해군의
   책봉을 건의했다. 이때 信城君을 책봉하려던 왕의 노여움을 사 파직되었고, 晉
   州로 유배되었다가 이어 江界로 移配되었다. 1592년 임진왜란 때 부름을 받아
   왕을 의주까지 호종, 다음 해 謝恩使로 명나라에 다녀왔다. 얼마 후 동인들의
   모함으로 사직하고 강화의 松亭村에 寓居하면서 만년을 보냈다.

13 江界(강계): 평안북도 북동부에 위치한 고을.

顚倒, 思余之歎矣."

二十日戊申。

慶遇稟上將曰: "南原人蔡希淵, 慷慨多節, 且善騎射, 請以檄召." 上將卽以檄召之.【希淵, 應檄乘白馬, 馳赴義營, 遇賊於熊峙[14], 舍矢如破, 應弦皆倒. 賊驚曰: "此白馬將軍." 皆遁避. 賊兵大至, 希淵奮劍突擊, 斬數十級, 力盡被刃死.】

二十一日己酉。

上將, 以待家親加募添兵, 留陣全州。

二十二日庚戌。

聞茂朱賊, 還向嶺南, 爲直擣犯闕計, 上將誓于衆曰: "賊奴直向都城, 我不可於此遲留." 整勑部伍, 爲北上勤王計。

二十三日辛亥。

聞大駕出平壤向義州之報.【六月十一日, 駕出平壤, 崔興源·兪泓[15]·鄭澈扈從, 盧稷[16]奉廟社位版, 幷護宮人先出, 城中人遮

14　熊峙(웅치): 전라북도 진안군 부귀면 세동리 덕봉 마을에서 완주군 소양면 신촌리로 넘어가던 옛 고개.

15　兪泓(유홍, 1524~1594): 본관은 杞溪, 자는 止叔, 호는 松塘. 1553년 별시

擊曰:"初欲棄城, 寧可驅民入城, 獨使魚肉耶?" 十五日, 賊陷平
壤。 是日, 駕次嘉山[17], 中宮殿向咸鏡道, 東宮奉廟社主, 自博川
入山郡。 人心崩潰, 在在爲盜, 順安·肅川[18]·安州[19]·寧邊·博川,
府庫一空。 六月二十二日, 駕抵義州, 爲行營.】

二十四日壬子。

聞平壤陷賊之報。 上將拊劍泫然[20]曰:"我國人久不見兵革, 恬

문과에 급제, 승문원 정자·典籍·지제교·持平·掌令·집의 등 문관 요직을 역
임하였다. 1557년 강원도 암행어사로 나가 민심을 수습하고, 1563년 권신 李樑
의 횡포를 탄핵하였다. 이듬해 試官으로 李珥를 뽑았으며, 1565년 文定王后
상사 때에는 山陵都監으로 치산의 일을 맡았고, 춘천부사가 되어서는 선정을
베풀어 선정비가 세워졌다. 1573년 함경도병마절도사로 회령부사를 겸했고, 그
뒤 개성부유수를 거쳐 충청·전라·경상·함경·평안도의 관찰사와 한성판윤 등
을 역임했다. 1587년 명나라에 사신으로 가서 이성계가 고려의 권신 李仁任의
아들로 잘못된 것을 바로잡았으며, 1589년 좌찬성으로서 판의금부사를 겸해
鄭汝立의 逆獄을 다스렸다. 1592년 임진왜란 때 선조를 호종했고, 평양에서
세자(뒤의 광해군)와 함께 종묘사직의 신위를 모시고 동북방면으로 가 도체찰
사를 겸임하였다. 1594년 좌의정으로서 해주에 있는 왕비를 호종하다가 객사하
였다.

16 盧稷(노직, 1545~1618): 본관은 交河, 자는 士馨. 임진왜란이 일어나 왕을 호
종할 때 말에서 떨어져 다쳤으나 계속 성천의 行在所까지 달려가 병조참판에
임명되었고 이어 개성유수가 되었다. 정유재란 때는 京江舟師大將을 지내고,
接伴正使 金命元 밑의 부사로서 명나라 지휘관 邢玠를 맞아 군사문제를 논의
하였다.

17 嘉山(가산): 평안북도 박천 지역에 위치한 고을.

18 肅川(숙천): 평안남도 평원 지역에 위치한 고을.

19 安州(안주): 평안북도 兵營의 소재지.

惽²¹成習, 一見賊, 望風奔潰, 無一城守, 以賊遺君父, 寧不痛心乎?"

二十五日癸丑。

進軍次礪山, 作檄文, 飛傳于忠淸·京畿諸道。

二十六日甲寅。

聞家親率加募義兵, 發向任實之報。

二十七日乙卯。

進次恩津, 上將夜看天象, 驚曰: "東有白氣橫天, 必有賊兵犯我."

二十八日丙辰。

聞黃礪賊, 踰入錦山, 將逼完山, 議者曰: "完卽湖之保障, 根本先搖, 難以制勝, 請救之." 上將然其言。

二十九日丁巳。

聞家親率加募兵千餘, 到任實雲巖, 大破倭兵, 多有斬獲。上將聞捷, 大喜曰: "梁士眞! 梁士眞! 吾有梁士眞, 賊雖千萬, 吾可

---

20 泫然(현연): 눈물이 줄줄 흐르는 모양.

21 惉惽(염희): 맡은 사무를 게을리 함.

無虞矣."

● 七月

初一日戊午。

上將與將士, 北望行在西拜, 整軍向連山[22]。

初二日己未。

進次珍山[23]。

初三日庚申。

犒士訓鍊, 將士之響應者亦多, 軍容益盛。盖自雲巖捷報, 將士氣日益倍。

○ 聞大駕西狩, 乞援天朝, 天朝疑我國, 與倭同叛, 差崔世臣, 馳來詗探之報。上將謂慶遇曰: "君大人前言, '我國不斬倭使, 中朝疑我作賊嚮導[24].' 今果然矣." 歎咄不已。【初, 中朝陳申[25]者, 自日本還報: "平秀吉, 將入寇中原, 以朝鮮爲先鋒." 福建人

22　連山(연산): 충청남도 논산의 중앙에 위치한 고을.

23　珍山(진산): 충청남도 금산의 중서부에 위치한 고을.

24　嚮導(향도): 일정한 곳으로 길을 인도함.

25　陳申(진신): 중국인 客商.

許儀後[26]者, 被虜日本, 歸報曰:"庚寅, 琉球·朝鮮, 入貢於倭,
秀吉曰:'吾欲侵大明, 以朝鮮·琉球, 爲前導矣.'辛卯, 朝鮮遣
使, 促倭速行。明年, 移民於朝鮮耕種, 爲攻大明之基."云。琉
球遣使報上國, 獨我國不遣使, 中朝頗疑我貳於倭。獨閣老許
國[27]言:"朝鮮至誠事大, 決不然."及我遣聖節使金應南, 賫報倭
情, 許國聲言, 疑稍解。壬辰, 請援天朝, 遼人或傳:"朝鮮與倭
同叛, 佯爲假王, 嚮導以來."天朝差崔世臣·林世祿[28], 馳至平
壤, 願與國王相面, 諦視之歸。駕次義州, 乞內附兵部尙書石
星[29], 請發兵援之, 有宋國臣[30]者, 自言詳見國王容貌, 又差遣之
歸報, 的是眞王。及沈惟敬[31]入平讓, 平行長言:"日本欲通信上

---

26 許儀後(허의후): 중국 복건성 출신 客商.

27 許國(허국, 1527~1596): 명나라 大臣. 일찍이 朝鮮에 사신으로 다녀갔다.

28 林世祿(임세록): 명나라 大臣. 1592년에 임진왜란이 일어나 조선에서 명나라
로 구원을 요청했는데, 崔世臣과 함께 겉으로는 왜적의 실정을 살핀다면서 조
선, 일본이 서로 짜고 명나라를 공격한다는 헛소문의 진위 여부를 확인하기 위
해 조선에 사신으로 파견되었다.

29 石星(석성, 1538~1599): 명나라 大臣. 萬曆 초에 재기하여 兵部尙書까지 올
랐다. 임진왜란이 일어나자 조선을 구원했다. 奸人 沈惟敬의 말을 믿어 貢議에
봉하자고 강력하게 주장하고, 豊臣秀吉을 일본국왕에 봉하는 것이 좋겠다고
말했다. 그러나 일이 실패한 뒤 관직을 삭탈당하고 하옥되었다가 죽었다.

30 宋國臣(송국신): 黃學士 洪憲의 家丁. 홍헌을 따라 조서를 받들고 조선에 온
적이 있었다.

31 沈惟敬(심유경): 중국 명나라의 신하. 임진왜란이 발생했을 때 조선·일본·명 3
국 사이에 강화회담을 맡아 진행하면서 농간을 부림으로써 결국 정유재란을 초
래했다. 1592년 임진왜란이 발생했을 때 명나라의 병부상서 石星에 의해 遊擊

國, 朝鮮攔阻起釁."云, 復差黃應暘來審, 我始以前後倭書示之, 應暘曰: "爲上國, 代受兵禍, 歸言石尙書." 奏甚明白, 天朝疑遂大釋.】

初四日辛酉。

聞家親自去晦, 猝得奇疾, 留陣全州之報。家親寄書慶遇曰: "汝勿以我病遽來, 留在陣中, 待我去爲可."

將軍으로 발탁되어 遼陽副摠兵 祖承訓이 이끄는 援軍 부대와 함께 조선에 왔다. 1592년 8월 명나라군이 평양에서 일본군에게 패하자, 일본장수 고니시 유키나가[小西行長]와 강화회담을 교섭한 뒤 쌍방이 논의한 강화조항을 가지고 명나라로 갔다가 돌아오기로 약속했다. 그러던 중 1593년 1월 명나라 장수 李如松이 평양에서 일본군을 물리치자 화약은 파기되었다. 하지만 곧 이어 명군이 벽제관전투에서 일본군에게 패하게 되면서 명나라가 다시 강화회담을 시도함에 따라 심유경은 일본진영에 파견되었다. 이후 그는 명과 일본 간의 강화회담을 5년간이나 진행하게 되었다. 그는 고니시와 의견 절충 끝에 나고야[名護屋]에서 도요토미 히데요시[豊臣秀吉]를 만났는데, 도요토미는 명나라에 대해 명나라의 황녀를 일본의 후비로 보낼 것, 명이 일본과의 무역을 재개할 것, 조선 8도 중 4도를 할양할 것, 조선왕자 및 대신 12명을 인질로 삼게 할 것 등을 요구했다. 이에 심유경은 이러한 요구가 명나라에서 받아들여지지 않을 것으로 생각하고, 일본의 요구조건을 거짓으로 보고했다. 즉 도요토미를 일본의 왕으로 책봉해 줄 것과, 명에 대한 朝貢을 허락해 줄 것을 일본이 요구했다고 본국에 보고했다. 명나라는 이를 허락한다는 칙서를 보냈으나 두 나라의 요구조건이 상반되자 강화회담은 결렬되었고, 결국 일본의 재침입으로 1597년 정유재란이 발생했다. 그의 거짓 보고는 정유재란으로 사실이 탄로되었으나 石星의 도움으로 화를 입지 않고 다시 조선에 들어와 화의를 교섭하다가 실패하였다. 이에 심유경은 일본에 항복할 목적으로 경상도 宜寧까지 갔으나 명나라 장수 楊元에게 체포되어 사형 당하였다.

○ 是夕, 上將謂慶遇曰: "年來, 天灾地異疊出, 長星[32]日食[33]之
變, 蟻鬪江赤之怪, 式月斯生, 我國兵禍, 誠氣數所關[34], 而但厄
運未艾, 曠歲彌酷, 大可憂也."【戊寅, 長星亘天如白練, 丁亥, 彗
出西北, 長四十丈, 戊子, 漢江赤如血, 己丑正月, 朔日食·望月
食, 司饔院[35]鎗甑, 鳴如牛吼, 庚寅五月, 錦山等吾邑隕霜, 京城
地震覆屋, 辛卯, 京西部蟻戰斬首, 竹山[36]石自起立, 通津[37]僵柳
復起, 海州[38]青魚, 十年絶種, 移産遼海, 豺入平壤城中, 大同江
赤濁, 壬辰, 歲星[39]守尾箕, 宮中小池, 白氣如虹, 直貫寢殿, 怪
鳥鳴禁苑, 遍繞東西, 聲滿城中, 大駕出狩乃止, 乙未, 忠州至京
江[40], 死鼈相續, 長淵[41]洪川[42], 大石自起移立, 東大門外, 蛙魚相

---

32 長星(장성): 彗星의 일종. 빛나는 긴 꼬리를 끌고 해를 중심으로 포물선을 그리
   며 운행하는 별이다. 예로부터 兵亂을 예고하는 妖星이라하여 불길한 징조로
   여겼다.

33 日食(일식): 日蝕. 달이 태양과 지구 사이에 위치하여 태양의 전부 또는 일부가
   달에 의해 가려지는 현상.

34 氣數所關(기수소관): 모든 일이 운수에 관계되므로 사람의 힘으로는 어쩔 수
   없음.

35 司饔院(사옹원): 조선시대 임금의 식사와 대궐 안의 식사 공급에 관한 일을 관
   장하기 위하여 설치되었던 관청.

36 竹山(죽산): 경기도 안성과 용인에 걸쳐 위치한 고을.

37 通津(통진): 경기도 김포에 위치한 고을.

38 海州(해주): 황해도 남부에 위치한 고을.

39 歲星(세성): 木星. 태양계 내에 있는 행성 중에서 가장 큰 행성.

40 京江(경강): 뚝섬으로부터 양화도에 이르는 한강의 일대.

戰, 斬首積溝.】

初五日壬戌。

聞賊犯錦山, 群守敗死之報。

○ 上將移檄于忠淸道義兵將趙提督憲[43], 約以合師討賊。上將謂慶遇曰: "趙提督, 前年上疏, 請斬倭使, 其忠義凜烈, 世無知者, 今若與此人, 同事討賊, 則幸何如之?"【趙憲, 號重峯, 登文科。辛卯上疏, 請斬倭使平調信·玄蘇, 詣闕, 叩頭流血。至是, 倡義募兵, 錦山敗後, 憲往討義士韓應聖[44], 領兵爲前驅, 渡荊江[45], 擊楫[46]相和。憲憶霽峯詩曰: "荊江有約人何處, 不耐秋

---

41 長淵(장연): 황해도 서부에 위치한 고을.

42 洪川(홍천): 강원도 중서부에 위치한 고을.

43 趙提督憲(조제독헌): 趙憲(1544~1592). 본관은 白川, 자는 汝式, 호는 重峯·陶原·後栗. 1592년 임진왜란이 일어나자 옥천에서 의병을 일으켜 영규 등 승병과 합세해 청주를 탈환하였다. 이어 전라도로 향하는 왜군을 막기 위해 금산전투에서 분전하다가 의병들과 함께 모두 전사하였다.

44 韓應聖(한응성, ?~1592): 본관은 淸州, 자는 景期, 호는 龜窩. 1592년 임진왜란이 일어나 스승 조헌이 충청도 沃川에서 격문을 돌리고 거의했을 때 하인 수십 명을 이끌고 합류하였다. 이어 조헌이 1,700여 명의 의병을 이끌고 승병장 靈圭의 승병과 합세하여 淸州를 탈환할 때 공을 세웠다. 다시 錦山으로 향하여 전라도로 들어오려는 왜군을 막으려 하였으나 충청도순찰사 尹先覺이 조헌에게 공을 빼앗길까 염려하여 방해를 한 탓에 대부분의 의병이 해산하고 700명만이 남게 되었다. 이때 그는 끝까지 남아 금산전투에서 고바야카와 다카카게[小早川隆景]가 이끄는 왜군과 싸우다가 조헌 등 700인과 함께 순국하였다.

45 荊江(형강): 충청북도 청원군 문의면과 대전 대덕구 渼湖 인근.

風獨渡時.”進軍同殉錦山。特命憲諡文烈.】

初六日癸亥.

聞家親疾篤之報, 欲亟歸侍湯, 而軍事[47]搶攘, 亦難棄師而退, 且承家親書君親一體之敎, 日夜燋煎, 默禱于天. 上將謂慶遇曰: “君親癠甚劇云, 不勝驚慮, 然君若歸侍, 則義營將士, 亦多, 欲引去. 此亦國家大事, 不可去矣.” 卽令柳學諭, 往診而來.

初七日甲子.

上將, 部分士卒, 使慶遇留守珍山, 凡糧餉等事, 皆使我辯曰: “珍我之本鎭, 粮食皆在此, 不可不堅守.”

○ 聞賊入咸鏡道, 兩王子陷賊之報. 上將慟哭曰: “國事至於此, 此政主辱臣死之秋. 吾只有一死, 可以報君父耳.”【淸正入北道, 兩王子臨海君[48]·順和君[49]陷賊中, 從臣金貴榮·黃廷彧[50]·黃

---

46 擊楫(격즙): 노를 두들김. 晉나라 때 祖逖이 豫州刺史가 되어 부임하던 도중에 강을 건너다가 中流에서 노를 두드리며 맹세하기를, “조적이 中原을 맑히지 못하고 돌아와서 이 강물을 다시 건널진댄, 이 큰 강이 지켜보리라.” 하여, 천하를 맑게 다스리고픈 의지를 토로한 데서 온 말이다.

47 軍事(군사): 전쟁에 관한 일.

48 臨海君(임해군, 1574~1609): 宣祖의 맏아들 珒. 임진왜란 때 왜군의 포로가 되었다가 석방되었다. 광해군 즉위 후 유배되었다가 죽었다.

49 順和君(순화군, ?~1607): 宣祖의 여섯째아들. 부인은 승지 黃赫의 딸이다. 임진왜란이 일어나자 왕의 명을 받아 黃廷彧·황혁 등을 인솔하고 勤王兵을 모병

赫⁵¹, 監司柳永立⁵², 北兵使韓克誠⁵³等, 皆被執。淸正手解其縛,

하기 위해서 강원도에 파견되었다. 같은 해 5월 왜군이 북상하자 이를 피하여 함경도로 들어가 미리 함경도에 파견되어 있던 臨海君을 만나 함께 會寧에서 주둔하였는데, 왕자임을 내세워 행패를 부리다가 함경도민의 반감을 샀다. 마침 왜군이 함경도에 침입하자 회령에 위배되어 향리로 있던 鞠景仁과 그 친족 鞠世弼 등 일당에 의해 임해군 및 여러 호종관리들과 함께 체포되어 왜군에게 넘겨져 포로가 되었다. 이후 안변을 거쳐 이듬해 밀양으로 옮겨지고 부산 多大浦 앞바다의 배 안에 구금되어 일본으로 보내지려 할 때, 명나라의 사신 沈惟敬과 왜장 小西行長과의 사이에 화의가 성립되어 1593년 8월 풀려났다. 성격이 나빠 사람을 함부로 죽이고 재물을 약탈하는 등 불법을 저질러 兩司의 탄핵을 받았고, 1601년에는 순화군의 君號까지 박탈당하였으나 사후에 복구되었다.

50 黃廷彧(황정욱, 1532~1607): 본관은 長水, 자는 景文, 호는 芝川. 1592년 임진왜란이 일어나자 號召使가 되어 왕자 順和君을 陪從, 강원도에서 의병을 모으는 격문을 8도에 돌렸고, 왜군의 진격으로 會寧에 들어갔다가 모반자 鞠景仁에 의해 임해군·순화군 두 왕자와 함께 安邊 토굴에 감금되었다. 이때 왜장 加藤淸正으로부터 선조에게 항복 권유의 상소문을 쓰라고 강요받고 이를 거부하였으나, 왕자를 죽인다는 위협에 아들 赫이 대필하였다. 이에 그는 항복을 권유하는 내용이 거짓임을 밝히는 또 한 장의 글을 썼으나, 體察使의 농간으로 아들의 글만이 보내져 뜻을 이루지 못하고 이듬해 부산에서 풀려나온 뒤 앞서의 항복 권유문 때문에 東人들의 탄핵을 받고 吉州에 유배되고, 1597년 석방되었으나 復官되지 못한 채 죽었다.

51 黃赫(황혁, 1551~1612) : 본관은 長水, 자는 晦之, 호는 獨石. 순화군의 장인이다. 임진왜란이 일어나자 護軍에 기용되어 부친 廷彧과 함께 사위인 順和君을 따라 강원도를 거쳐 會寧에 이르러, 모반자 鞠景仁에게 잡혀 왜군에게 인질로 넘겨졌다. 安邊의 토굴에 감금 중 적장 加藤淸正으로부터 선조에게 항복 권유문을 올리라는 강요에 못 이겨 부친을 대신하여 썼다. 이를 안 정욱이 본의가 아니며 내용이 거짓임을 밝힌 별도의 글을 올렸으나 체찰사가 가로채 전달되지 않았다. 1593년 부산에서 왕자들과 함께 송환된 후 앞서의 항복 권유문으로 東人에 의해 탄핵, 理山에 유배되었다가 다시 信川에 이배되었다.

52 柳永立(류영립, 1537~1599): 본관은 全州, 자는 立之. 1582년 종성부사가 되

留置陣中.】

初八日乙丑。

慶遇, 以兵千餘, 留屯[54]珍山。義兵戎器粮需, 一一分調, 所儲
軍糧, 六百餘包。

初九日丙寅。

聞上將至錦山, 與防禦使郭嶸[55], 合師進攻賊, 於土城賊勢大

었다. 이듬해 尼蕩介의 난으로 1만여 명의 야인이 침입하자, 우후 張義賢, 판관
元喜 등과 이를 막으려 하였으나 성이 함락되었고, 그 책임으로 하옥되었다.
곧 풀려나 승지·개성유수를 거쳐 1586년 경상도관찰사, 1588년 전라도관찰사,
1591년 함경도관찰사를 역임하고 이듬해 강원도관찰사가 되었다. 이때 임진왜
란이 일어나자 산 속으로 피신하였다가 加藤淸正 휘하의 왜군에게 포로가 되었
다. 뇌물로 매[鷹]를 바치고 탈출하였으나, 국위를 손상시켰다는 이유로 대간의
탄핵을 받고 파직 당하였다.

53 韓克誠(한극함, ?~1593): 慶源府使를 거쳐, 1592년 임진왜란 때 함경북도병
마절도사로 海汀倉에서 加藤淸正의 군사와 싸웠다. 이때 전세가 불리하자 臨
海君과 順和君 두 왕자를 놓아둔 채 단신으로 오랑캐마을 西水羅로 도주하였
다가, 도리어 그들에게 붙들려 경원부로 호송, 가토의 포로가 되었다. 앞서 포
로가 된 두 왕자 및 그들을 호행하였던 대신 金貴榮·黃廷彧등과 다시 안변으로
호송되었다가 이듬해 4월 일본군이 서울을 철수할 때 허술한 틈을 타서 단신으
로 탈출, 高彦伯의 軍陣으로 돌아왔으나 처형당하였다.

54 留屯(유둔): 군대가 임무 수행을 위하여 일정한 곳에 집단적으로 얼마 동안 머
무르는 일.

55 郭嶸(곽영, 생몰년 미상): 본관은 宜寧. 1591년 평안도병마절도사를 역임하였
다. 1592년 임진왜란이 일어나자 전라도방어사로서 龍仁·錦山 전투에 참가하

挫云。

初十日丁卯。

慶遇在珍山, 聞義兵敗績[56]焉。出兵往救錦山, 欲迎大將路,
遇學諭因厚, 欲與之並力赴賊。又逢家奴一雲, 聞家親以初七日
捐世之訃, 卽以其率與因厚, 慟哭還鄕。【七月七日, 先生下世,
一雲欲傳訃, 時賊兵塞途, 晝伏夜行, 初九日夕, 始到錦營。將
士聞先生訃, 失聲大痛, 明日義兵敗績, 霽峯公·柳彭老·安瑛皆
死。一雲聞霽湖公在珍山, 卽往路, 遇公傳訃音。公以麾下兵與
鶴峯, 痛哭而歸, 因厚得兵, 赴敵死。

였으나 패주, 사헌부로부터 전란 이후 단 한 번도 용감하게 싸움을 못한 拙將이
라 하여 탄핵을 받았다. 1595년 右邊捕將·行護軍 등을 역임하였다.

56　敗績(패적): 대패함.

附錄

梁公傳

鄭琢

梁公, 全羅道南原人, 以詩鳴於世. 負才自豪, 談議偉然, 一時皆慕與之交. 在鄕里, 嘗斥其有, 以周人之急. 尤重然諾, 尙氣節, 一出言, 人卽信服. 公家故饒財. 歲壬辰夏四月, 倭賊陷東萊, 乘勝長驅, 嶺湖擾攘, 無敢禦者, 公慨然嘆曰: "大丈夫不能建功立業, 垂聲萬世, 猶當小設計慮, 敵王所愾[1]." 於是, 盡散其財, 交結豪士, 爲立約束, 相與戮力禦寇. 手自草檄, 播諸邑守宰及士民, 將欲自起爲將. 旣而嘆曰: "當此, 國事已去, 人心洶懼之時, 不仗死友[2], 無以濟事." 卽走書請高公敬命會潭陽射場. 以定師期. 自此公以召諭爲己任, 苟有一人漏兵籍, 身自往勤以義. 於是, 列邑士人, 稍稍相應, 其他丁壯可操弓執刀者, 千有餘人. 又發子男二人及家僮百餘名, 編爲行伍, 器械資粮,

---

1 敵王所愾(적왕소개):《春秋左傳》의 文公 4년에 "제후들이 왕이 통한하게 여기는 상대를 대적하여 功을 세우면 왕이 동궁 1개, 동시 100개, 검은 궁시 1000개를 하사하여 공에 보답하는 연회임을 밝힌다.(諸侯敵王所愾而獻其功, 王於是乎賜之彤弓一彤矢百旅弓矢千, 以覺報宴.)"에서 나오는 말. 신하가 임금의 적을 공격한다는 뜻이다.

2 死友(사우): 죽음까지 함께하는 벗.

皆辦於私。日搥牛饗士, 歃血而誓曰: "此賊未除, 何以生爲?" 及
發程之日, 文以告廟, 哭以辭焉, 與家人別, 終無一言及家事。
遂往潭陽, 高公果至。公謀於衆曰: "不早建大將, 無以鎭人心."
乃推高公爲盟主。六月初七日整軍, 八日出師。次于全州, 遠近
應募者, 十百爲羣, 來迎道路, 衆至三千餘人。公前後召募, 觸
炎忍飢, 幾匝一月。及至完山, 勞悴成疾。臨死諄諄[3], 如夢中語
者, 惟討賊一事而已云。嗚呼! 食土之毛, 誰非王臣[4], 而捧頭竄
竄, 咸懷苟活, 獨公出萬死不顧之計, 感慨首事, 糾合義旅, 欲以
捍王室之艱, 可謂頹波之砥柱矣。雖出師未捷, 其身先死[5], 而一
時經營, 亦足使諸路之賊, 卷甲[6]而遁逃, 兩湖之地, 抗敵而全
完。凡我軍國之需, 戰守之備, 無一不資於全羅一道, 大爲國家
恢復之根基者, 秋毫皆公力也。以如此之功, 而官不爲恤, 人不

---

3 諄諄(순순): 간곡하게 말하는 모양.

4 食土之毛, 誰非王臣(식토지모, 수비왕신):《춘추좌씨전》昭公 7년에 "封地 안
　이 어느 곳인들 임금님의 땅이 아니며, 토지에서 생산되는 곡물을 먹고 사는
　자들이 누군들 임금님의 신하가 아니겠습니까?(封略之內, 何非君土? 食土之
　毛, 誰非君臣?)"라고 한 데서 나오는 말.

5 出師未捷, 其身先死(출사미첩, 기신선사): 杜甫가 諸葛亮의 사당에 가서 감회
　를 읊은 〈蜀相〉에 "출사표 올리고 승첩을 못 거둔 채 몸이 먼저 죽음이여, 영웅
　들의 옷소매에 길이 눈물을 적시게 하리라.(出師未捷身先死, 長使英雄淚滿
　襟.)"고 한 데서 나오는 말.

6 卷甲(권갑): 갑옷을 말아 올린다는 것은 전쟁을 그만두겠다는 뜻.《晉書》〈王鑑
　傳〉에 "갑옷을 말아 올리고 군기를 거두고서 농사와 양잠에 널리 힘썼다.(卷甲
　韜旗, 廣農桑之務.)"라고 한 데서 나오는 말이다.

見知, 名聲翳然, 日就泯滅, 是可哀也已。公名大樸, 字士眞。少時自號松巖。晚愛靑溪水石。築墅居之。改號爲靑溪道人云。

　　　大匡輔國崇祿大夫 議政府右議政兼領經筵監春秋館事
　　　　　　　　　　　　　　鄭琢[7]書
　　　　　　　　　　　　【《靑溪集》附錄】

7　鄭琢(정탁, 1526~1605): 본관은 淸州, 자는 子精, 호는 藥圃·栢谷. 1592년 임진왜란이 일어나자 좌찬성으로 왕을 의주까지 호종하였다. 1594년에는 郭再祐·金德齡 등의 명장을 천거하여 전란 중에 공을 세우게 했으며, 이듬해 우의정이 되었다. 1597년 정유재란이 일어나자 72세의 노령으로 스스로 전장에 나가서 군사들의 사기를 앙양시키려고 했으나, 왕이 연로함을 들어 만류하였다. 특히, 이 해 3월에는 옥중의 李舜臣을 극력 伸救하여 죽음을 면하게 하였으며, 水陸倂進挾攻策을 건의하였다.

梁大樸倡義事蹟

鄭琢

　壬辰四月十四日, 倭賊陷釜山·東萊, 乘勝長驅, 嶺南·湖西·畿甸之內, 已作空虛之境。嶺南諸將, 投林竄穴, 傳警湖南, 無攻戰守禦之策。湖南之人, 狼顧[1]股慄, 亦不敢出意力而先應, 登山巢木[2], 豫避賊鋒, 廛里蕭然, 煙火已息矣。

　于時, 梁大樸(南原人, 能詩有盛名.)私語其子曰:"吾欲糾合義旅, 以死報國, 只恐身無才勢, 遠近不相應也。"秘而不發者數日。五月初七日, 聞賊入王城, 翌日得敎書。大樸讀之, 至'予當親動干戈, 決一死戰之'語, 遂痛哭不食, 始決擧事。

　卽折簡[3]於其友楊希廸·柳彭老而邀之, 泣告其計, 義氣激烈,

1　狼顧(낭고): 이리는 겁이 많아서 항상 뒤를 잘 돌아다보므로, 자꾸 두려운 생각이 드는데 비유한 말.

2　巢木(소목):《資治通鑑》권126의 注에 "집이 모두 불타 제비가 돌아갈 곳이 없으므로 숲속 나무에 깃든 것이다.(室廬焚蕩, 燕無所歸, 故巢林木.)"에서 나오는 말. 제비는 본래 사람이 사는 집의 처마 밑에 둥지를 트는데, 제비가 숲속 나무에 둥지를 만들고 맴돈다는 것은 백성들이 전란 뒤에 살 곳을 잃고 유랑하는 상황을 비유한 것이다.

3　折簡(절간): 온 장에 글을 적어 둘로 접은 편지.

二人聞言卽合, 遂與定議。五月初九日, 入見地主[4]尹安性, 告之
曰: "吾欲云云." 尹驚起改容曰: "君若擧此, 我當以力助之." 初
十日, 草檄播諸列邑守宰及士民, 將欲自起爲將, 旣而歎曰: "國
事已去, 民心疑懼, 不倚名族, 無以立事." 卽以簡牘通告于高敬
命·金千鎰, 期以五月二十九日, 齊會于潭陽射場, 以定約束。
兩公聞聲皆應, 各以書答之, "當及期會以從."云云。

　時兵使崔遠在此府, 大樸把其檄動以義, 崔兵使亦奉檄而泣。
雖軍官及牙兵[5]等卒, 自願赴義。自此, 大樸以召諭爲己任, 苟有
一民漏於官籍, 則身往先焉, 勸義說利, 窮村僻巷, 靡所不到。
義兵之號, 民初不識, 亦皆解釋而誨之, 焦勞盡力, 不辨夜晝, 使
其僮僕, 裹飯而隨之, 或於馬上啗之。

　於是, 列邑士子稍稍相應, 其他丁壯可操弓執刀者, 百有餘
人。又發子男二人及家僮五十名, 編爲行伍, 器械資糧, 皆辦於
私。傾家破産[6], 少無顧藉[7]心, 日搥午餉士, 歃血而盟曰: "此賊
未除, 雖死不旋踵." 一家爲之泣下, 四鄰聞之竪髮。

　越二十九日, 率其所募, 以赴潭陽之會, 多士如雲, 少長咸
集。高敬命自光州到, 金千鎰以病不果來, 大樸卽謀於衆曰: "不

4　地主(지주): 고을 수령.

5　牙兵(아병): 대장 휘하에 있는 병정 중 하나. 각 隊伍의 우두머리를 따라 다니
　　는 병사.

6　傾家破産(경가파산): 집안 재산을 모두 없앰.

7　顧藉(고자): 아깝게 여김.

早建大將, 無以鎭人心。今以高令公爲盟主, 而我屬贊籌[8]幕中,
則可以濟事." 衆皆應曰: "諾." 遂設壇爲禮, 敬命不獲辭焉。是
日也, 徒中願從者, 亦至三百餘人。衆人又曰: "金府使雖以病
辭, 行軍之日, 固請宜來, 亦可以分屬一面." 乃拜衛將。又以梁
大樸·柳彭老爲幕佐, 以楊希迪[9]爲運糧將。其餘士子, 各分掌諸
任焉。更以六月初六日, 爲師期, 大樸到家。一家非之, 親舊沮
之, 無不以全軀保妻子, 爲苟安之計[10], 而大樸掩耳不聽。

發程之日, 文以告廟, 哭以辭焉, 與家人別, 終無一言及家
事。遂往潭陽, 諸君如約畢至。聞金千鎰私募一旅[11], 自立爲將,
昨昨出師云, 徒中皆疑金千鎰之有異言。初七日整軍, 八日發
行。歷長城·井邑·泰仁·金溝等縣, 抵全州府, 遠近應募者十百
爲群, 來迎於道路, 比及完山, 軍數一千五百人矣。

大樸前後憂勤[12], 忘饑渴, 觸炎勢, 倉皇奔走, 幾至一月。及至
完山, 勞悴成疾。仍嘔血下利[13], 數日來轉篤, 已無可爲者。府

---

8 贊籌(찬주): 계책을 도움.

9 楊希迪(양희적, 1555~1601): 본관은 南原, 자는 吉夫, 호는 慕亭. 1592년 임
  진왜란이 일어났을 때 양대박·유팽로와 함께 고경명을 찾아가 의병을 일으킬
  계획을 의논한 뒤 秋城에서 의병 날짜를 정하였다. 이때 고경명은 左道義將,
  양대박과 유팽로는 종사관이 되었고, 양희적은 朴天挺·朴進天과 함께 赴戰運
  糧將이 되었다.

10 苟安之計(구안지계): 그럭저럭 보내려는 생각.

11 一旅(일려): 병사 500명을 이르던 말.

12 憂勤(우근): 임금이 국가의 재난을 근심하여 政務를 부지런히 살피는 것.

尹權燧遣醫治救, 終未獲效。大樸在危劇中, 時復出聲而語曰:
"輿疾[14]從軍, 死爲義魄足矣." 敬命彊心而語曰:"君若卒然不可
爲諱, 大事去矣, 無能爲也。請歸而愼調, 追及途中可也." 乃使
軍卒五六, 荷輿以還。大樸以其子慶遇, 率家僮付諸陣中, 旣
歸。遂就靑溪精舍, 垂絶未絶, 而諄諄如夢中語者, 皆是討賊事,
及其命盡也, 亦曰:"討賊討賊." 而終。

　敬命率義旅, 直向京洛, 至恩津, 聞賊入錦山, 自恩津入珍
山。七月初九日大戰, 軍敗不還, 柳彭老·安瑛救之, 亦隨以
死。以日計之。乃梁大樸就木[15]後三日也。

【《藥圃集》卷四　雜著】

13　下利(하리): 설사와 이질을 통틀어 이르는 말.

14　輿疾(여질): 중병에 걸려 가마 따위에 몸을 실어 직무를 수행함.

15　就木(취목): 관에 들어감. 죽음.

擬上疏草[*]

伏以國家喪亂之際, 義兵爲尋常事, 固不可悉數之矣。然而方
賊未退, 國勢杌陧[1]。雖愚夫愚婦, 擧皆知討賊之義, 死長之道,
一線倫紀, 賴以不絶者, 義兵之力也。名在義籍而得一級之功
者, 雖下卒皆已蒙襃賞之典, 此固國家獎忠義之道耳。

況在壬辰之初, 彼賊之滔天卷地, 吾民之恐怯奔潰, 其勢如
何? 而首事擧義, 倡自一人, 則視其身之死, 不啻若棄弊屣者之
所可爲也。身爲匹夫[2], 職不係國, 而與賊從事, 自分必死者。其
爲國之誠, 實可悲怜, 而聖上不知, 恩典不及, 臣竊冤之。

臣父某官某, 平生以信義自許, 捐財毁産, 以趨人之急, 乃素所
樹立耳。當賊渡海而泊釜山, 遑遑然憂痛。及聞過嶺, 遂不食只
飮饘粥, 至聞都城不守, 大駕西巡[3], 呼天痛哭, 晝夜不絶聲。每哭

---

* 追注: 廢朝時, 公道不行, 故裁疏不上。

1 杌陧(올얼): 위태로운 모양. 불안한 모양.

2 匹夫(필부): 梁大樸이 서얼출신으로 漢吏學官을 지낸 것을 일컫는 말. 한리학관
  은 조선시대에 사역원 소속으로 중국어와 이문에 관한 일을 맡아보던 벼슬이다.

3 西巡(서순): 국왕의 서북 지방 巡行을 가리킴. 宣祖가 임진왜란이 일어났을 때

拔一大釖擊木石, 木石爲之裂。如是者五六日, 遂決擧義之計。

當時列郡士民, 投林藪抵巖穴, 數百里間, 無復人煙。父乃自以身窮深搜伏, 動以義誘以利, 則諸民初不識義兵之稱, 至以諺書註解, 俾相傳告。其出入山谷時, 令一奴裹飯而隨之, 飢甚則於馬上啜之。積月餘, 壯士之聞聲至者, 僅百餘人；諸民之應者, 亦數百人。日搥牛犒餉以慰之, 旬月[4]之間, 殺牛至四十頭有奇[5]。弓矢劍甲, 皆以私力鑄造, 積地如丘陵者數處, 家資蕩盡, 曾不爲念。

將率其衆, 由海路赴義州, 欲捍衛行宮, 有計之者曰：“湖南, 忠義之窟穴, 若以一紙檄書, 布告遠近, 應者必衆。如或至千至萬而以與賊從事, 幸而捷一堅陣, 則君父之羞, 少可雪矣, 何必以單師輕發乎？”父於是傳檄於道內, 其文有曰：“國家之脩城池·養士卒, 垂二百年, 海寇之逾滄溟[6]·渡漢江, 纔十七日。人懷易散之心, 實昧死長之大義。王曰：‘寡躬[7]不德.’ 亟下罪己之哀音, 在吾民何以生爲, 而此賊不可忘也.” 此乃其中一二語也。其自敍則曰：“祖逖[8]之志, 中原可淸, 眞卿[9]之名, 天子不識.” 辭義之

　　평양으로 피난하고, 다시 의주를 피신했을 때와 같은 경우를 가리켰다.

4　旬月(순월): 달포. 한 달 남짓.

5　有奇(유기): 나머지가 있음. 남짓함.

6　滄溟(창명): 큰 바다.

7　寡躬(과궁): 덕이 적은 몸이라는 뜻으로 임금이 자신을 가리켜 하는 말.

8　祖逖(조적): 東晉의 장군. 元帝에게 청하여 군사를 통합하고 北伐할 때 長江을

激切如此, 讀者掩泣。

　期會於潭陽府, 至者數千人。父與高敬命素相善, 卽立以爲將, 以鎭衆心, 自以參謀, 專制軍旅。六月, 自潭陽行師至全州, 而父乃病, 赤血下洩, 日至數盆。醫曰：“憂勞毒中, 霜露冒外, 積極而發, 必難救”, 遂奄奄而盡。盡之日詢詢如夢中語者, 皆討賊一事也。敬命亦軍敗, 死於錦山, 從而死者若干人, 今皆贈職而崇褒, 獨臣之父, 不得與焉。

　噫！死於戰陣者, 固是義也。首倡義旅, 盡瘁成疾, 出師而身死者, 獨不得爲義乎？當募兵奔遑之際, 有言于父者曰：“我軍與賊, 强弱衆寡, 如彼其相懸, 苟觸其鋒, 有死而已。子於國家, 無高官厚祿之恩, 何獨必至於死而後已耶？”父曰：“古人有爲家世而報仇者, 張良[10]是也；有以微班[11]而死國者, 高漸離[12]是也。某

　건너며 중류에 이르러 뱃전을 치며, “중원을 맑히지 못하고서는 다시 이 강을 건넌다면, 그것은 이 큰 강과 한가지라.(不能清中原, 而復濟者, 齊如大江.)”고 맹세했는데, 드디어 石勒을 격파하고 황하 이남의 땅을 회복했다. 이 큰 강과 같다고 한 것은 강물의 흐름과 같이 다시 돌아오지 않으리라는 뜻이다.

9　眞卿(진경)：顏眞卿. 당나라 玄宗의 명신. 平原太守로 있으면서 安祿山이 배반할 것을 알아차리고 미리 그에 대비하였는데, 후에 안녹산이 반란을 일으키자 河北의 24개 군이 모두 무너졌지만 그는 군사를 일으켜 적병을 토벌하였다. 현종이 기뻐하면서 “나는 안진경이 어떤 사람인지도 모르는데 그가 이렇게 훌륭한 일을 하는구나.(朕不識眞卿形狀何如, 所爲得如此.)” 하였다는 고사가 있다.

10　張良(장량)：漢高祖의 충신. 韓나라 사람으로 한을 멸망시킨 秦始皇을 보복하고자, 博浪沙에서 滄海力士와 함께 쇠몽둥이로 그의 수레를 쳤으나 진시황은 다른 수레를 타고 있어 실패했다. 그리하여 변성명하고 下邳에 숨었다가 劉邦을 도와 천하 통일에 참여한 뒤, 고향의 조그만 땅 留의 제후가 되었다.

之先祖, 受國之恩, 奚止於五世? 至於某之身, 亦嘗以文藝末技, 食君之祿者, 豈下於伶官[13]哉?" 言者無以應。

臣之父, 若偶然隨行, 行伍軍敗, 倉卒而死, 則自當歸之於家運之不幸而已, 而臣明知亡父之心, 篤於念君父憂國家。許身一死, 決無僥倖之意, 而名隨身沒, 泯然無所稱, 每一念至, 五情[14]無主。

當時本道兵使崔遠・本府府使尹安性, 見父之忘身徇國, 倍加嘆服。軍民之願赴義兵者, 雖在官籍, 必推與之, 以助聲勢。自初至終, 無不洞曉其情狀, 故安性每見臣, 必喟然嘆曰:"爾父之事, 不可泯也, 不可泯也。"崔遠雖已死, 而安性尚在, 下臣此章而問之。如有絲毫溢美[15]於其間, 則臣受欺天之罪, 不敢辭也。

父死之後, 湖南儒生輩, 以亡父褒贈事上疏, 下該曹而竟歸寢格不行。當殿下在東邸而撫軍[16]全州也, 全州之人, 以亡父及李

11　微班(미반): 낮은 벼슬아치.

12　高漸離(고점리): 전국시대 燕나라 사람. 荊軻와 함께 秦始皇을 살해하려는 음모에 가담했다. 형가가 죽자 성명을 바꾸고 傭保가 되었지만 발각되었다. 진시황이 격을 잘 친다 하여 눈만 멀게 하고 죽이지는 않았다. 얼마 뒤 진시황을 위해 축을 연주하다 축 속에 넣어둔 쇠망치로 진시황을 죽이려했지만 실패하고 피살당했다.

13　伶官(영관): 樂官. 고점리가 축을 잘 연주한 것을 염두에 둔 표현이다.

14　五情(오정): 사람이 가진 5가지 감정. 기쁨, 노여움, 슬픔, 욕심, 증오 등을 말한다.

15　溢美(일미): 과분하게 칭찬함.

廷鸞[17]事, 號籲於輦前。 殿下因所訴而狀達[18], 大朝[19]廷鸞加秩,
而臣之父竟不蒙贈, 此臣之所以冤也。

在乙未年間, 全羅都事成晉善[20], 以空名告身[21]募穀, 臣爲亡父
納米, 得三品贈職, 爲國死義, 反不如補軍糧十許石乎? 雖死者
不以此爲念, 而爲其子者, 安能不號呼於聖明之下哉?

---

16 撫軍(무군): 세자가 임금을 따라서 군대에 나아가는 것. 전쟁이 있을 때에 임금
   이 出征하고 태자가 수도를 지키면 그것을 監國이라 하고, 태자가 출정하면
   그것을 撫軍이라 한다. 임진왜란 때 세자 광해군이 전주에 와서 撫軍司를 설치
   한 바 있다.

17 李廷鸞(이정란, 1529~1600): 본관은 全義, 자는 文父. 1592년 왜군이 熊峙전
   투에서 관군과 의병을 무찌르고 전라도에 침입하자, 64세의 노구로 守城將이
   되어 府民을 거느리고 전주성을 지켰다. 1597년 정유재란 때에는 왜군이 전주
   성을 포위하여 큰 혼란이 일어났는데, 전주 부윤이 죽고 明將이 달아나자 전주
   부윤이 되어 성을 지켰으며 三道召募使가 되었다.

18 狀達(장달): 관찰사·병사·수사 등이 세자에게 그 관할지역의 중요한 일을 보고
   하거나 청하는 문서. 국왕에게 올리는 狀啓의 성격과 같다.

19 大朝(대조): 分朝의 상대되는 말. 임금이 머무는 행재소.

20 成晉善(성진선, 1557~?): 본관은 昌寧, 자는 則行, 호는 烟江. 일찍이 천거에
   의하여 관직에 나아가 都事로 재직하던 중 1594년 정시 문과에 응시, 동생 成啓
   善과 함께 나란히 급제하였다. 1597년 全羅道都事로 있을 때, 刑杖을 남용하
   며 吏胥들을 지나치게 엄히 다룸으로써 소요를 일으키는 폐단이 잦다 하여 파
   직된 일이 있었으나 곧 재기용되어 홍문관 수찬·사간원 정언·經筵侍讀官 등
   을 지냈다.

21 空名告身(공명고신): 임명되는 자의 이름을 비워 발행하는 임명장. 고신은 벼
   슬아치로 임명되는 사람에게 주는 辭令狀인데, 국가의 재정이 부족하거나 賞으
   로 줄 때 관직명만 적고 이름은 비워 둔 채 발행한 것으로 이를 받는 사람은
   실무는 보지 않고 명색만으로 행세하게 하였다.

伏願聖上, 特以一紙贈職, 垂慰於九泉之下, 以爲後世忠臣義士之勸, 幸甚幸甚。

【《霱湖集》卷之十〈雜著〉】

찾아보기

양대박창의종군일기(梁大樸倡義從軍日記)

운암파왜도(雲巖破倭圖)

《양대사마실기(梁大司馬實記)》 권1, 국립중앙도서관 소장)

여기서부터는 影印本을 인쇄한 부분으로 맨 뒷 페이지부터 보십시오.

[역문]

양씨 집안에 간직해온 오래된 것 가운데 공(公)의 둘째아들 형우 (亨遇)가 본뜬 〈파왜도(破倭圖)〉 및 기(記) 1편이 있었으나, 지금 〈파왜도〉는 잃어버려서 전해지지 않고 오직 기(記)만이 《창의록》 에 기재되어 있었기 때문에 본뜬 형상과 기(記)의 뜻을 써넣어 새긴다.

梁氏家藏舊有公仲子亨遇所摸破倭圖及記一
篇今圖佚不傳惟記載倡義錄故倣像記意補寫
付刻

4

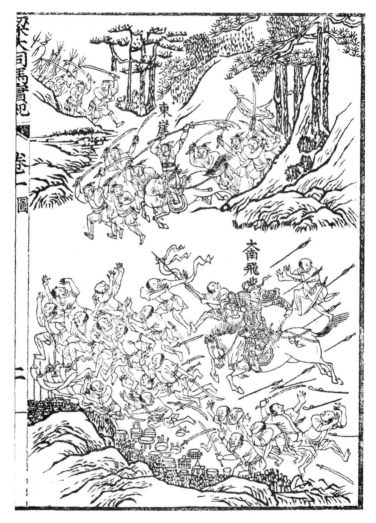

3

2

雲巖破倭圖

〈양대박창의종군일기〉

梁大司馬實記　卷之一目錄

梁大司馬實記卷之一目錄

梁大司馬實記卷之一

倡義

從軍日記上 遇男慶

萬曆二十年壬辰四月十七日丙午有人自府中來
傳倭警而今月十五日陷東萊賊兵號五十萬三道
入冦云 本月以十三日倭犯境大將百五十名戰馬五萬匹以海西道九國爲先鋒南海六國山陽八國應之到我界焚舟破釜軍令嚴刻十四日陷釜山僉使鄭撥死之多大僉使尹興信力戰死左水使朴泓棄城逃左兵使李珏惼怯抗賊失守十○五日陷東萊府使宋象賢死○十八日丁未○十九日戊

家親裁書于本府主倅尹安性以撥賊奇回報如昨
家親遑遑厌憂痛終夜不寐坐以待朝○十九日戊

梁大司馬實記卷一

申家親聞鷄林騎徃見主倅勸其發令調兵以爲國家緩惡用○二十日已酉見主倅書即梁山連陷之報家親早促餉入府見主倅曰倭奴通和二百年凡三入冠輒不利退今又來冠此必昌山細川諸酋皆率服秀吉傾國而來在我防守之策倍棘于前本府爲湖嶺要衝南方保障不可虛棄使賊直擣莫如黠軍守城爲扞禦計主倅從其言

五十　倭地統方數千里統八道凡六十島

六州周平王時始祖俠野自號天皇后山城州日本泰

徐福率童男女三千行都平原唐武后時國號日本

清和天皇賜姓源氏凡軍國事天皇尊者而不關白焉其大明性太

宗時封平爲國揔攬國政者爲關白與焉其俗不入

我悍輕太祖五年倭翻刄自六羅季爲東國物患有麗末王毀昌山入

大內小二武衛京極細川山名諸殿來朝我國接應
有次第或親見或禮曹接待對馬島主宗盛長則歲
平嘉靖乙卯正德庚午三浦倭叛防禦使柳聃年討
賜米豆百石湖南致勤撃破萬曆丁亥犯
湖南鹿島竹島賊引歸三戶入寇皆不戰死退損
○二十一日庚戌主

俸躬造見家親請並力守禦家親曰何待公言即投
府武庫兵器皆殘缺不可用請盡發刷鍊與主俸曰日本
秋起聯彎入城○二十二日辛亥家親謂主俸曰
坐廣寒樓發甲兵弓矢使之鋭廠判官盧從齡曰朝
家無調兵之令擅發武庫或無人議耶家親曰天日
照臨此心爲國禦賊人孰議爲○先是戊子倭使橘
康廣之來也家親欲密撥倭情馳往嶺南潛託護行

從人司馬贄己卷一

二

興僵以覘動靜至仁同界康廣睨視槍夫曰汝之槍
竿甚短家親應聲答曰汝之劍鎧太鈍康廣優瞪目
吐舌曰哇哇即下馬令吾人亟請家親共乘家親
避不見及到尚州牧使宋應洞以妓樂享康廣康廣
曰老夫積年干戈鬚髮種種而使君處聲伎中何皓
白若是家親曰此虜所以諷之彼稱以來聘逐年往
來覘我虛實我國之南憂決不久陰雨之備其可虛
徐耶至是家親謂主倅曰頃年橘虜槍竿甚短之語
已示射天之凶圖而我國不爲之備致有今日始無
異棟宇將焚燕雀呴呴主倅曰我國人本無遠慮誠

如公言矣

萬曆戊子橘康廣致關白平秀吉書要與

通好國王源義藤昏迷爲秀吉所凸秀吉

者或云本中國白或云福建人小孤傭販薪行國王異之用累

立功爲關白日本民丁負編爲日本卒之用

臣爲信長部刀代子舊善闘積功殺爲大將自立或云秀吉以氏政亂其親

臣又許殺明智廣歸自立秀吉道怒肆外侵求已丑信使長親

廷臣又許康明智廣歸我使玄庚寅遂差黃允吉金誠一偕義智朝

智來獻孔崔卯平調信蘇稱以回族已吉來逐義

路渡海辛必選信玄寅遂差黃允吉金誠

至是大舉入冠之〇二十三日壬子閱兵府城是

年往來欲慣引兵之

時列郡士民投林藪竄巖谷數百里間無復人煙慶

遇躬往府中以家累奔避事白家親家親日吾已在

軍中不可去矣家累汝其任意處焉慶遇使舍弟亨

遇陰慈母率家累往避于青溪洞合于青溪洞最溪

十年前先生等精

三一

7

梁大司馬實記〔卷一〕

處家累奔避于此 〇二十四日癸丑慶遇馳進府中白家親

以使弟奉母奔避事家親曰我有二兒其一從我守

城其一將母避禍於汝兄弟職宜矣主倅曰公可謂

有子矣〇二十五日甲寅聞密陽陷賊之報家親曰

嶺邑連陷賊必踰嶺犯我可遣人詗探主倅使判官

盧從齡率精騎往探從齡有難色家親擊劒奮罵曰

判官判官君豈非武夫耶主辱臣死之日何怗懷若

是吾請自往遂領十騎往雲峯山 本月十六日賊陷梁

鶻院棄城走兵使李珏走還兵營監司金晬還走 陽府使朴晉守

陽金海府使徐禮元棄城遁慶尚夜逃十七日陷密

潭道入民心觧散從齡夜驚先走列性邑崩斬其七月倭自龍

○二十六日乙卯聞賊踰鳥嶺之報○二十七日丙
辰家親自咸陽探知賊情還與主倅畫策率兵北上
爲勤　王計○二十八日丁巳夜本道都巡察使李
洸關到云朝家有徵兵之擧使一道兵馬齊赴礪山
師期太迫主倅提兵悤上家親爲殿從之○二十九
日戊午發向全州聞尙州陷賊巡邊使李鎰敗走之
報爲邊左防禦趙儆爲右防禦以李鎰爲巡邊助防將成應龍爲體察使不得
發罷璘兵判洪汝淳代守島嶺金鎰應南以京營無兵三日夜潰至
嶺邊砬爲都巡邊使會馳下兩時泚濕且屯乏粮餉官待京將至
申未砬及下賊漸逼過會大兩泚濕且屯乏兵粮餉官待軍夜潰至
括列得邑守單丁不走成還軍伍至賊大州至牧使棄馬四披髮潛走忠

駐兵處○三十日己未到全州見巡察家親出語尹
州坤位
安性曰吾見巡察舉措迷惶語言糊塗此難濟事公
須如斬卿子冠軍代上將樹大勳可也○五月初一
日庚申留全州是夜家親謂尹安性曰聞申砬亦以
大將南下曾見此人素無膽略浪得虛名今春巡撿
時無一備禦長策但流連列邑而已今鷹推轂之寄
亦不過李鎰之類國事不覺寒心自辛卯朝廷憂倭
洗爲完伯尹先覺爲巡視邊壬辰春遣申砬往京畿討黃
海李鎰往忠清全羅錦視邊備無他方略但流連斬
使哺而已○拿鞫申北砬以陷穩城府使殺賊燧有夫功擢坐爲斬兵兵
帽使忽落地到龍仁狀啓不署名○初二日辛酉家親

自全州還向南原○初三日壬戌慶遇陪家親復路家親語人曰敗吾軍者必洸也國事無可恃矣憤咄不已促裝到家夜三鼓矣○聞忠州陷賊都巡邊使申砬敗死之報（申砬入忠州聞李鎰敗膽落出陣彈琴臺前二十七日賊軍大潰浮尸蔽江金汝岉死李鎰脫腕走初賊以踰嶺爲憚使人覘嶓震地砲筭馬欲突圍還赴知無備而歌舞而過乃）○初四日癸亥聞賊自湖西直擣　王畿乘勝長驅家親拊劒流涕曰十餘年前吾每言人以必有南憂人皆以我爲狂誕今日果何如也人始服其先見○先是癸未本府府使張義國重創廣寒樓改駕烏鵲橋累日役民家親見張倅曰不出十年此

五一

11

梁大司馬實記　卷一

樓必爲兵燹所盪何乃苦民爲張俾曰有何先見家

親曰往在　明廟乙卯有倭寇殺兵使元績連陷五

六城幸賴防禦金景錫等力戰禦之厭賊性動皆忍

狠燔刧村閭俘虜男女時余年十三尙能了了今若

賊奴再犯此樓亦豈免燬燼耶且吾頃年陪家親在

密陽僑適往東萊見賊艘無常往來泊海此必偵察

我國而我則貪於通貨不能截其關防我之南憂豈

在久耶張俾默然家親出張嗤點曰其言太誕安矣

明廟乙卯倭陷達梁鎮殺全羅兵使元績及長興倅

韓蘊又擄靈巖守李德堅連陷兵浦馬島兵營加浦

賊遣都元帥李浚慶以金景錫徇南軍致賊勤敗迬船右中子女攻

一時號痛聲震海中○丁酉南原城陷時廣寒樓果爲倭所焚後天啓丙寅府使申鑑重創○初

五日甲子家親遂定倡義討賊之舉盖自全州復路

己決此計是夕舍弟亨遇自青溪洞來觀仍留○初

六日乙丑家親以召募義兵出入山谷間撥匿搜伏

動之以義喩之以利諸民初不識義兵之名乃以諺

書譯其意俾相傳告其引諭開導之際必擊劒雪涕

以道之義氣形於色忠心露於辭聞者莫不感泣○

聞去月晦日　大駕去邠西幸平壤之報家親遂不

食只飲餐粥呼天慟哭晝夜不絕聲初朝廷以李元翼爲箕伯崔興

源烏海伯將有西於之意以李陽元爲守城大將李元

武邊彦琇爲左右衛將朴忠侃爲巡撿使修都城起

朱□司馬實記　卷一

六

一

13

溪言點筆言　卷一

復金命元爲都元帥守漢江
京城抄發五部得元卒七千討
快受略聲呼放守戎政大壞
後民兩哭聲如如注雷初釁
以嵓帶以成軍龍數百爲領
誤山國海見以罷和倭
○初七日丙寅倉猝舉義無可伏戎器
家親使慶遇監鑄兵器得冶匠六七人造鎗戟劍子
之屬日日督鑄委積如邱陵○初八日丁卯家親登
廣寒樓手草倡義檄文傳通于南中列邑守宰及諸
士民諭以舉義討賊意辭氣激烈筆法遒勁讀者掩
泣○初九日戊辰慶遇以家親命袖檄文往見本道

兵使崔遠崔遠見檄大喜各樣兵器皆推餘爲用官
軍之應募義兵者亦聽其去以助聲勢遂得兵器七
駄而來○初十日己巳聞漢江失守賊入京城留都
大將李陽元元帥金命元敗走之報賊自東萊分三
路一起由長嶺入忠
兵營蔚山慶州義興龍宮出聞慶軍合一師踰鳥島同陷清州
向州京畿三砥路軍一起時指都城星金命元在濟川亭眼清州變
賊两渡走江李攔入城亦如五月初三日無人之地諸○十一日庚午家
親以募兵日夜驅馳不遑寢食其出入山谷時令家
奴一雲曩飯糜隨之飢甚則於馬上暫啜之風餐雨
宿備嘗艱苦南原雲峯長水求禮谷城等地溪谷僻

第大恩實記 卷一

穴足跡殆遍人或言其忍飢疾馳夫攝致傷家親痛

哭曰見今 君父播越光武之豆麥難繼此豈臣子

甘心寢食之秋乎聲淚並墜聞者莫不流涕○四月大晦

設帳中而遞迍始進水剌百官亦僅得療飢○家有一玄

供懼冒御厨亳到東坡館甚搶海奪爭食將關滿守具供晉孝淵孝略

駕冒兩皆翌日發向開城

雖日能五百里自庚寅畜于家名之曰烏龍又於十

餘年前在公州衙有鶯一寶劒者長可三尺强歸其

直而寶藏之及決倡義家親拊魚鞱策烏龍語人曰

帶此劒跨此馬殺此賊報吾 王復吾國쭁吾勳此

某之志願也人皆曰劒與馬亦應時出○十二日辛

16

未聞李洸進軍至錦江聞 乘輿西狩留連公州累
日竟罷陣退兵人心洶懼賊勢猖獗
柳李洸聞朝廷徵兵督發兵馬
期日甚迫大雨道塞士卒飢渴不勝鞭扑大衆潰散○
道或投於水到公州留陣七日即罷兵
親倡義募兵率壯奴三十七名一鞭馳來家親與之
晝宵講武○十四日癸酉自此義兵稍稍來集壯士
十三日壬申玉果柳學諭彭老即家親姨從也聞家
聞聲至者亦百餘鄉人房元震應募而來元震沙溪
應賢之孫年纔十八氣岸磊落言議激烈家親甚嘉
獎焉○十五日甲戌家親裁書于霽峯高公敬命諭
以並力討賊之意時高公以前萊伯居光州負一代

漢大詞馬賓言　卷一

重望與家親有宿契○十六日乙亥鄉人蔡希淵應
慕而來希淵進士元祥之子碩幹長鬚多膽略善弓
馬家親喜曰吾得蔡君賊於我何○十八日丁丑露
峯高公答書期以晦前會于潭陽面決舉義云○十
九日戊寅聞三道勤　王兵潰於龍仁之報　兵李洸自罷
安夏調兵與錦伯尹國馨有賊進嶺伯之金令晬亦會白兵光
五萬餘至龍仁北斗山上俱進嶺易之令晬壯士白兵摠
無兵李時累萬兵戰無賊以統劍一下賊洸易彦等三道兵
彦無兵累萬遁掩殺死尸揮斫殺大喊三道兵一時
大潰賊之從洸遁臨陂晬僵逃嶺賊得戰馬二千延兵
械悉焚之潰遁臨陂晬尸僵逃嶺右道得國馨走公州○
二十日己卯訓鍊義兵于伊野前坪是時義兵應募
者殆數千人又發家僮百餘人編爲行伍○二十一

日庚辰家親誓于衆曰嚮吾聞黃宣傳進言倭使秀

吉姦譎無倫其敗盟來冦之意可占於飲罷尾甌之

日而抱釁孩以接使者是兒畜我也寧可與此賊共

戴天日乎 黃進翼戌公喜之後登武科從黃允吉往日本留對馬島歷一歧島博多州長門州郎古耶自四月至七月晦到倭都故迂回其路也目秀吉容貌矮短色如恭鐵無他異表但目光閃閃射人宴待我使薄略無禮太甚 ○二十二日辛巳大置牛酒犒義兵

于伊野遂建紅幟書以義兵將梁某字○家親席累

世富貴之業資産裕足甲于一道至是盡蕩於結豪

士餉大衆之擧不以爲念焉○二十三日壬午家親

往潭陽高公果至○二十四日癸未家親與高公剋

九一

19

日舉義期會而還○二十五日甲申慶遇往拜慈母
于青溪洞還○二十六日乙酉蔡希淵以親癠之重
留期謝去○二十八日丁亥聞 大駕次平壤乞援
天朝之報家親曰我既不能斬賊使報 上國而令
反乞靈 天朝其肯信我出兵乎○二十九日戊子
義兵來集者可三千餘大會訓鍊于本府南栗場軍
威振盛師律明肅是日房元震策牛十餘頭來犒金
澇亦領軍粮米十八包來澇郡守益福之子自少從
學於家親至是以父命領粮來餉○六月初一日己
丑家親曉起率義兵將士北望 行在四拜○初四

日壬辰家親誓于眾曰嶺南郭再祐崔汴倡舉義兵

贅討賊奴聞極欣章徐禮元禹伏龍買醯國不覺

痛悢谷郭金海倅徐禮元散財買醯薙髮死尸瞞報錄

勳龍宮倅禹伏龍襄殺我河陽卒數

再祐襄賊於宜寧崔汴破賊於知禮長

百髡頭奏捷金晬獻醯擢為安東倅〇初五日癸巳

大犒義兵自去月日殺牛犒士發程日刑一馬與將

士歃血而誓曰此賊未除何以生為作祭文告家廟

慟哭拜辭〇初六日甲午家親領義兵三千自南原

往赴于潭陽慶遇兄弟從軍〇初七日乙未進軍至

潭陽霽峯高公亦至仲子學諭曰厚陛焉高等兩壇

于射亭南北家親與高公對坐講武柳學諭彭老鄉

十一

人安瑛亦從家親謀於衆曰當此　國勢泮渙人心

潰散之日不早建大將無以鎭衆乃推高公爲盟主

家親爲其副然謀軍事〇是日麾下士皆曰三千義

旅慕公名爭附而今公虛將位不居是重失義士之

心也衆論洶囂不止家親曰不然首事起義曰若自

立爲將是示人以利己也何以鎭衆且高公忠義人

也年位俱高於我爾等以事我者事之戮力　王室

共濟艱難有不從令者我有劒三尺衆議乃定〇初

九日丁酉合師大閱犒士〇十一日己亥出師于潭

陽爲勤　王計〇十二日庚子師次泰仁縣〇十三

22

日辛丑由金溝進軍向全州路遇露峯公亂子臨陂縣令從厚與俱遠近應募者十百爲羣來迎道衆至四十人到全州○聞臨津江失守韓應寅朴忠侃敗走之報

初十韓應寅與金命元守臨津賊焚幕佯退守申硜欲渡擊劉不克得良不可硜匐匐受刃或自投賊果伏精兵迎之先逃應命硜被殺軍士硜匐欲斬之遂追擊朴忠侃良命硜

二十七日賊渡江西下五月○家親謂高公曰吾以數千孤軍抗百萬方張之賊其勢必無幸矣不如加募義兵益張聲威高公曰非公誰任其責家親遂以加募爲己任使慶遇掌軍中書籍與卒二千從高公留陣全州與舍弟亨遇復向南原

漢大言鳥實言　卷一

從軍日記中　仲男亨　遇男亨

萬曆二十年壬辰六月十四日壬寅家親以加募義

兵自全州還向南原亨遇與五六軍卒從之○十五

日癸卯時熱炎方熾暑雨久蒸家親出入於南原淳

昌任實等地招諭義兵若初募時○十六日甲辰家

親曰以募兵驅馳原隰暴露草莽如是十許日應募

者稍集響應豎五朋先生近三硅人皆罷歸至是聞加募復

集來○十八日丙午家親資産盡蕩於去月餉士之際

亨遇以家親命往見主倅尹安性請得加募義兵粮

資主倅與軍粮六十石戰馬四十匹將士之欲應義

24

兵者雖在官籍亦多推與且謂亨遇曰尊公危忠苦
節感激人心終破賊奴者必尊公也○十九日丁未
黎明主倅來見家親請並力守城如初家親以義兵
一枝已向全州不可中撤辭主倅曰吾亦欲從義兵
與公同事而巡察於義兵多方沮格誠無奈何矣又
曰公前言巡察必敗吾軍可謂洞燭肺矣仍咄咄
而去○二十日戊申聞茂朱賊還向嶺南倡義使金
千鎰率羅州義兵已向北路之報欲倍道進軍與高
公合師並力爲北上勤　王計○二十二日庚戌家
親與義兵將士北望　行在四拜慟哭不止一軍爲

二十一

芽方言馬實重　卷一

之流涕家親曰賊奴書中有天下歸朕一超　大明

等語此非徒我之賊乃天下之賊也今日義兵誠能

為天下除殘賊政所謂無敵於天下者也

請見差三使幸甚吾國六十州比年分離必余四海報蒙
逆悉歸掌握余托胎時慈母夢日輪入懷

平秀吉之書
曰從余之伐四海蒙

威名一作敵心者自然摧滅開關以來洛陽

此曰一超直入大明國施帝朝億萬斯年者在方

云中　○二十三日辛亥犒師組鍊于伊叟軍容整肅

士氣日增皆願一戰　○二十四日壬子家親師加募

義兵敢死者千餘人自南原將赴全州進次于任實

之葛潭驛　○二十五日癸丑曉辟食進軍將踰栗峙

有倭賊遊兵萬餘彌布於雲巖長谷家親分義旅作

二隊使亨遇領一隊指授方略左右夾擊大破之家
親手所斬馘五十級義兵所擊殺殆千餘躁躪擣盪
川流亦赤又獲我國被擄男女數百人遂伐雲巖小
峴上大亭樹白而刻之曰壬辰六月二十五日義兵
將梁某破倭於此

時倭賊方列竄川邊君父敵愾計之先
秋也一不出奇無以濟生矣遂分一枝兵馬自栗遇
亨遇嶺前軍或五六或八九日皆母怕試劍
生擊倭劍方列竄川邊以先濟生矣自領一枝兵馬自栗遇
其若一滔伏白雲罨之東以先蛾生衝其中堅擊賊入陣中如
立崎劍長下賊豈能用亨遇許劍耶先蛾生衝其中堅擊出陣中如
看義兵殊死豈能戰亨遇亦從西大喊
神義兵許人殊死戰亨遇亦從西大喊得
者圻殆四十夾人先生破收之遂作禜文吊之則得義兵劍見之九死
○二十六日甲寅進軍薑嚴倭
以削木為眩為敵之資也以白鑞

兵見我紅幟標號皆曳甲遁莫敢抗鋒進次于全州
之北亭○二十七日乙卯全羅都事崔鐵堅大備牛
酒來犒義兵勞雲巖之捷也○二十八日丙辰聞黃
碉賊入錦山郡守敗死之報仍留陣完山日晡時家
親瘁得奇疾甚篤以病未能剋期進軍之由牒報于
霽峯高公○二十九日丁巳聞大軍發向恩津之報
家親下血之症甚劇崔都事鐵堅卽軍中問疾助給
藥餌○七月初一日戊午家親患候無減眾心洶擾
遂力疾訓士于北亭望　行在四拜且聞　大駕將
內附中原慟哭不已神氣暴陷赤血下泄幾至數盆

時舍兄從高公在礪山鎮獨亨遇侍藥日夕煎泣○

初二日己未亨遇邀醫診之醫曰憂勞毒中風露冒

外積極而發必難救矣蓋家親前後召募觸冒暑炎

恐飢驅馳於原野之間者幾匝二月四千義旅及其

戎器軍餉之屬皆身自經理鞠躬盡瘁肌膚日銷病

根崇于此○初三日庚申聞錦山賊言將逼完府完

府勢感朝暮且悉而家親症候一倍危篤亨遇即以

此意裁書于高公及舍兄欲使義兵赴珍山皆曰吾

屬願爲梁公用不願附珍山○聞賊陷平壤之報 六月

初八日倭至大同江大駕出平壤向寧邊命左相尹斗壽守平壤巡察李元翼都元帥金命元在練光

十四一

亭本道監司宋言慎

碧樓慈山守尹裕後守長慶門賊荷戈餘大劍德守如浮

子雪霜將欲渡江江水日縮日分遣宰臣禱雨於壇君使箕

賊高大彦伯領我軍退兵不從綾泪羅舟渡湽湽死者多餘軍從王城匹先走

博川亂流而渡是夕盡舉出城衆中人沉以軍器戎火砲托於風從月樓走

池中出走順安明日賊陷平壤○

曰大將其死矣惶撓不已家親勵氣作聲曰天若佑

我國必無是事麾下士等壇爭禱于天○初五日壬

戌夜烏龍忽悲啼躑躅不食而死家親曰吾其已矣

烏龍先我死天其不吊我也雖然死爲屬鬼必殺賊

奴吾豈在張巡後耶聞者莫不飲泣○初六日癸亥

初四日辛酉軍中夜驚哭聲如雷

30

鷄三呼家親偃起坐曰吾夢登天謁上帝泣請救援

帝憐之曰當下送神兵勦滅賊矣吾已得請於上帝

可無憂矣呼將士數三面語之少間病益篤氣息奄

奄而諄諄如夢譫者惟討賊一事而已○初七日甲子

六月二十二日大駕幸
神宗皇帝發遼東兵癸巳
宋應昌提督李如松前後來援
祖承皇朝且請內附
義州乞援
三千摠兵
正月攻破平壤賊
又十四攻發兵四萬
青者十四萬二千
溪此夢必
天朝央
許霽峯高公之兆曰

家親力疾扶坐看劍垂淚已不言矣俄自膈上格格

作歔欷一聲遂臥不起是日日下稷有二條長虹亘

截庚酉方移時不滅夜大雷雨

初秀吉饒陷嶺南又
南飛合清

十五 一

宗子言忠實書 卷一

正欲陷湖南 南飛從順天渡橋入淳昌 清正自嶺南

入黃磵 陷錦山 將向全州 忽聞南飛敗死雲巖而先

生留陣 猶恐全州不欲來 及至七夕 或傳先生下世之報 全

清正猶陣 恐怵逗留不敢來逼 還走嶺右 湖南幸得全

為中興基 人言云死

諸葛走生 清正云死

從軍日記下　遇[家慶]

萬曆二十年壬辰六月十四日壬寅 家親以加募義

兵復向南原 慶遇以家親命率衆二千 從高公留陣

全州 ○十五日癸卯 上將高公與慶遇往見全州府

尹權憼 權憼給軍餉米豆五十餘包 ○十六日甲辰

合操于全州 ○十七日乙巳 聞嶺南賊將犯茂朱 上

將遣仲子曰厚 率一隊兵設伏于鎮安地 ○十八日

丙午上將謀於衆曰梁慶遇聰敏強記且多籌略可
掌義營文簿凡軍額糧餉悉委慶遇與縣令從厚合
謀取辦○是夜上將仰看天象謂慶遇曰熒惑入於
尾箕之分我國之被兵燬固天運之難逃每見自乾
戌方有一條赤氣來薄熒惑熒惑芒死又有天狗時
蝕字芒此必賊奴運竆於戌之象也若以年計則戌
距今六年我與賊實漢賊不兩之勢豈有六七年相
持之理余甚訝焉慶遇曰不若以月計今九月亦戌
也我必以是月掃除醜虜平靖邦國之象上將曰君
言亦有理 自壬辰至丁酉連年兵革戌戌六月初一日平秀吉身死後諸賊卷還日本 天兵

亂中司馬實已 卷一 十六

亦撤歸我國始平靖霽峯公成

窩之言如執左契人服其神見

江鄭相公澈自江界謫所承召赴平壤之報上將謂

慶遇曰吾前與松江每言必有倭變而松江不我信

今日必多顛倒思余之歎笑○二十日戊申慶遇稟

上將曰南原人蔡希淵慷慨多節且善騎射請以檄

召上將卽以檄召之賊於熊峙舍矢如破應弦皆倒

希淵應檄乘白馬馳赴義營遇

賊驚曰此白馬將軍皆遁力避賊兵大至○二十一日

己酉上將以待家親加募添兵留陣全州○二十二

日庚戌聞茂朱賊還向嶺南爲直擣犯　關計上將

誓于衆曰賊奴直向都城我不可於此遲留整勅部

伍爲北上勤、王計〇二十三日辛亥聞　大駕出
平壤向義州之報
俞泓鄭澈毳從盧稷奉社稷位六月十一日駕出平壤崔興源朝社
版弁護宮人先出城中人遮擊曰初欲棄城　寧可驅
民入城獨使魚肉耶十五日賊陷平壤　是日　駕次
嘉山中人宮心　向咸在　鏡　東宮奉　廟社主自博
川入山郡人心崩潰在在爲盜順安肅川安州寧邊
二日博川府庫一空六月二十
二日駕抵義州爲行營
〇二十四日壬子聞平壤
陷賊之報上將拊劍泫然曰我國人久不見兵革恬
憶成習一見賊望風奔潰無一城守以賊遺　君父
寧不痛心乎〇二十五日癸丑進軍次礪山作檄文
飛傳于忠清京畿諸道〇二十六日甲寅聞家親率
加募義兵發向任實之報〇二十七日乙卯進次恩

津上將夜看天象驚曰東有白氣橫天必有賊兵犯
我〇二十八日丙辰聞黃磵賊踰入錦山將逼完山
議者曰完即湖之保障根本先搖難以制勝請救之
上將然其言〇二十九日丁巳聞家親率加募兵千
餘到任實雲巖大破倭兵多有斬獲上將聞捷大喜
曰梁士真梁士真吾有梁士真賊雖千萬吾可無虞
矣〇七月初一日戊午上將與將士北堂　行在四
拜整軍向連山〇初二日己未進次祢山〇初三日
庚申犒士訓鍊壯士之響應者亦多軍容益盛盖自
雲巖捷報將士氣日益倍〇聞　大駕西狩乞援

天朝天朝疑我國與倭同叛差崔世臣馳來詗探之

報上將謂慶遇曰君大人前言我國不斬倭使中

朝疑我作賊嚮導今果然矣歎咄不已

儀後報平被秀吉日將入歸寇中原日庚以寅琉球爲朝鮮入福建於倭

秀吉之遣使促欲倭侵速行大明明年以移朝鮮民於琉球爲朝鮮耕種爲矣攻辛卯

中大朝明頗甚疑及我云請遣援聖節倭遣使獨閣報老許上國國獨言我國朝鮮至不誠遣使事大

決疑稍不鮮玉辰請援來天朝諦視朝之差歸崔世傳駕次義州乞馳內至叛言

伴爲願與王鄂導國王相面天使金遼人或貴報朝倭鮮與倭國聲同叛

平壤國部王尚書石星又差遣之報的有是真王及沈惟敬詳

見附兵國王容貌狼又差請發兵歸報的有上國朝鮮關應暘起

入雲平復差平黃行應長暘言日本欲始通以信前後十八一示之應暘

書奏甚明白

日為上國代受天眹疑遂大釋石尚 〇初四日辛酉聞

家親自去晦䭾得奇疾罾陣全州之報家親寄書慶

遇日汝勿以我病遽來罾在陣中待我去為可〇是

夕上將謂慶遇日年來天災地異疊出長星日食之

變蟻鬥江赤之怪式月斯生我國兵禍誠氣數所關

而倅厄運未艾曠歲酷大可憂也

出西北長四十丈戊子龔鼎鳴漢江赤如牛如庚寅白寅長星旦亘天

食望月食司院鍮鼎鳴如吼己丑正月錦山彗

五邑自陷霜京城地震僵覆屋復起同寢殿赤濁壬辰鳥鳴禁苑星過守繞尾

山石自起立通津城中大虹直貫江州青魚部十年戰斬首種竹移

産宮中小射池入平壤城中虹直貫寢殿怪鳥鳴辰歲星過守繞尾

箕宮中小射池入平壤氣如虹中直貫寢殿怪鳥鳴辰禁苑星過繞尾

東西聲相續長城淵洪川大駕石出白符起乃移止立乙未忠州外至蛙京汓魚

死黿聲相續長城淵洪川大駕石出白符起乃移止立乙未忠州外至蛙京汓魚

38

相戰斬首積溝

○初五日壬戌，聞賊犯錦山，郡守敗死之報。

○上將移檄于忠清道義兵將趙提督憲，約以合師討賊。上將謂慶遇曰：趙提督前年上疏請斬倭使，其忠義凜烈，世無知者，今若與此人同事討賊，則幸何如之。趙憲號重峯，陞文科，辛卯上疏請斬倭使平調信、玄蘇，詣闕叩頭，流血至是，倡義募兵，錦山敗。後憲往討，義士韓應聖領兵焉，前驅渡荊江，擊楫相和。憲憶昔峯詩曰：荊江有約人何處，不耐秋風獨渡江。時憲軍同殉錦山烈，特進命憲謚文烈。

○初六日癸亥，聞家親疾篤之報。欲丞一歸侍湯，而軍事搶攘，亦難棄師而退。且承家親書：君親一體之教，日夜燃煎，默禱于天。上將謂慶遇曰：君親癠甚劇云，不勝驚慮，然君若歸侍，則義營將

梁大樸實記卷之一

十九

壬午言患實記　卷一

士亦多欲引去此亦國家大事不可去矣卽令柳學
諭往診而來○初七日甲子上將部分士卒使慶遇
畱守珍山凡糧餉等事皆使我辦曰珍我之本鎭粮
食皆在此不可不堅守○聞賊入咸鏡道兩　王子
陷賊之報上將慟哭曰國事至於此此政主辱臣死
之秋吾只有一死可以報　君父耳〔清正臨海君順兩　王子正臨海君兩道〕
北兵使韓克誠等皆被執〔黃廷彧黃赫正手縛其縛畱置陣中立〕
和君陷賊中從臣金貴榮
○初八日乙丑慶遇以兵千餘畱屯珍山義兵戎器
粮需一一分調所儲軍糧六百餘包○初九日丙寅
聞上將至錦山與防禦使郭嶸合師進攻賊於土城

賊勢大挫云○初十日丁卯慶遇在珍山聞義兵敗

績焉出兵徃救錦山欲迎大將路遇學諭因厚欲與

之並力赴賊又逢家奴一雲聞家親以初七日捐世

之計即以其卒與曰厚慟哭還鄉世七月七日先生下

賊兵塞途晝伏夜行初九日夕始到錦營將士聞先

生計失饑大痛明日義兵敗續齊峯公柳彭老安瑛

公皆死一雲聞齊湖公往珍山即徃路遇公傳訃音

公以麾下兵與鶴峯痛哭而歸因厚得兵赴敵死

雲巖破倭圖記

徃在壬辰歲先考以征倭義兵將率加募義兵敢死

者千餘人自南原將赴全州也聞茂朱倭賊還向嶺

南欲倍道進軍與齊峯高公合師並力爲北上勤

二十一

양대박창의종군일기(梁大樸倡義從軍日記)

운암파왜도(雲巖破倭圖)

《양대사마실기(梁大司馬實記)》 권1, 국립중앙도서관 소장

여기서부터 영인본을 인쇄한 부분입니다. 이 부분부터 보시기 바랍니다.

역주자 **신해진**(申海鎭)

경북 의성 출생
고려대학교 국어국문학과 및 동대학원 석·박사과정 졸업(문학박사)
전남대학교 제23회 용봉학술상(2019)
현재 전남대학교 인문대학 국어국문학과 교수

저역서 『선양정 진사일기』(보고사, 2020)
　　　『북천일록』(보고사, 2020)
　　　『쇄일록』(보고사, 2020)
　　　『토역일기』(보고사, 2020)
　　　『후금 요양성 정탐서』(보고사, 2020)
　　　『북행일기』(보고사, 2020)
　　　『심행일기』(보고사, 2020)
　　　『요해단충록 (1)~(8)』(보고사, 2019, 2020)
　　　『무요부초건주이추왕고소략』(역락, 2018)
　　　『건주기정도기』(보고사, 2017)
　　　『심양왕환일기』(보고사, 2014)
　　　『심양사행일기』(보고사, 2013)
　　　이외 다수의 저역서와 논문

양대박 창의 종군일기 梁大樸倡義從軍日記
2021년 3월 15일 초판 1쇄 펴냄

지은이 양경우·양형우
역주자 신해진
펴낸이 김흥국
펴낸곳 도서출판 보고사

책임편집 이경민
표지디자인 손정자

등록 1990년 12월 13일 제6-0429호
주소 경기도 파주시 회동길 337-15 보고사 2층
전화 031-955-9797(대표)
　　　 02-922-5120~1(편집), 02-922-2246(영업)
팩스 02-922-6990
메일 kanapub3@naver.com/bogosabooks@naver.com
http://www.bogosabooks.co.kr

ISBN 979-11-6587-162-8　93910
ⓒ 신해진, 2021

정가 17,000원